Esther Secanilla

Supermentes
Reconocer las altas capacidades en la infancia

Colección
Parenting

Otros títulos publicados en Gedisa:

El niño feliz
Dorothy Corkille-Briggs

Come o no come
Los desórdenes alimentarios
Aurora Mastroleo, Pamela Pace

Bebés canguros
El recién nacido y su contacto con la madre
Nathalie Charpak

El adolescente cautivo
Adolescentes y adultos ante el reto de crecer en la sociedad actual
Rubén Gualtero Pérez y Asunción Soriano Sala

Hijos en libertad
A. S. Neill

Padres como los demás
Parejas gays y lesbianas con hijos
Anne Cadoret

La adolescencia: manual de supervivencia
Guía para padres e hijos
Rosina Crispo, E. Figueroa y Diana Guelar

Ser padres, ser hijos
Los desafíos de la adolescencia
Mario Izcovich

Supermentes

Esther Secanilla

© Esther Secanilla Campo, 2019

Corrección: Marta Beltrán Bahón

Cubierta: Juan Pablo Venditti

Primera edición: Febrero, 2019

Derechos reservados para todas las ediciones en castellano

© Editorial Gedisa, S.A.
Avda. del Tibidabo, 12, 3.º
08022 Barcelona (España)
Tel. 93 253 09 04
gedisa@gedisa.com
http://www.gedisa.com

Preimpresión: Moelmo S.C.P.
www.moelmo.com

ISBN: 978-84-17690-40-3
Depósito legal: B.62-2019

Impreso por Sagrafic

Impreso en España
Printed in Spain

Queda prohibida la reproducción total o parcial por cualquier medio de impresión, en forma idéntica, extractada o modificada, de esta versión castellana de la obra.

*A Mario, y a mis hijos Itziar, Eric y Alec,
con todo mi cariño.*

Índice

Introducción	11
Algunas reflexiones sobre la infancia y la adolescencia del siglo XXI	17
El cuidado de la infancia.	17
Los niñ@s y los adolescentes del siglo XXI... y los centros educativos	20
Familia e infancia en el siglo XXI. Hacia un *parenting* positivo	26
La inteligencia. ¿Y dónde se esconden «las otras» inteligencias?	37
Introducción. El concepto y las medidas de la inteligencia	37
Aportaciones a lo largo de la Historia	40
Las inteligencias múltiples. ¿Todo es inteligencia? ¿Inteligencias o capacidades?	69
La inteligencia emocional y las altas capacidades	77
¿Qué hacer con tantas inteligencias? La resiliencia como respuesta a las altas capacidades	81
¿Clarificamos conceptos?	85
Legalmente se dice...	85
Controversias en el diagnóstico y la evaluación en la actualidad ¿Qué hacer y cómo actuar?	98

    Superdotado, sobredotado, precoz intelectual,
    talentoso, altas capacidades, ¿es lo mismo?.......... 104

    Soy superdotad@, precoz, talentoso, tengo altas
    capacidades. ¿Y qué?............................. 116

La evolución de un caso de posible superdotación..... 127

¿Cómo mejoramos las relaciones? 175

    El trabajo interdisciplinario entre profesionales 175

    Estrategias para acompañar y amar 178

    Vivimos y ¿dejamos vivir? 188

Colofón, a modo de conclusión 207

Bibliografía 213

Introducción

«Para dialogar con inteligencia no sólo debe haber afecto, sino también duda. Como saben, a menos que uno dude no puede haber investigación, porque investigar significa cuestionar, descubrir por sí mismo, paso a paso. Si lo hacen no necesitarán seguir a nadie, ni pedir a nadie que reafirme o constate su descubrimiento; pero todo eso exige una inteligencia y sensibilidad extremas».

Krishnamurti (2010: 10)

La duda es lo primero que me surge cuando tienes entre tus manos bastante material desde hace algo más de quince años sobre una temática que crees que debe ser divulgada, y consideras que ahora viene siendo ya el momento de mostrarla. Duda ante el momento pasado y el presente: investigas, observas, miras y te das cuenta de que en la actualidad no ha cambiado tanto la concepción y tratamiento a esas supermentes, talentosos, precoces intelectuales —ahora de altas capacidades—, en fin, a aquellos que todavía hoy en día son mirados como bichos raros muchas veces. Duda en ofrecer un material novedoso y al mismo tiempo válido y útil. Para ello, recuperé del cajón de los materiales perdidos una infinidad de apuntes, anotaciones y casos clínicos, y me puse a reelaborarlo.

Actualizar contenidos fue lo primero, pues personas de altas capacidades siempre han existido en la sociedad, pero las interpretaciones que se hacen sobre su estado y sus necesidades, sobre cómo identificarlo y cómo actuar, han ido cambiando a lo largo de la historia. En el segundo capítulo expongo algunas reflexiones sobre la infancia, los centros educativos, los docentes y las familias, apostando por la idea de ejercer una parentalidad positiva. En el tercer capítulo desgrano la noción de inteligencia; el cuidado de la infancia y de las familias, las concepciones actuales, los modelos de *parenting*, desde un punto de vista generacional, con una mirada amplia e inclusiva que debe ser tenida en cuenta cuando pretendemos abordar temáticas relacionadas con los niñ@s y los adolescentes. La concepción de inteligencia se interpreta de diversas maneras, en el capítulo 3 la valoraréis desde diferentes perspectivas, relacionándola con las altas capacidades. También se abordará la gran olvidada hasta hace pocos años pero que está tan vigente en el momento presente, la inteligencia emocional y los otros talentos que los seres poseemos, así como el concepto de resiliencia.

En el cuarto capítulo se abordan los diferentes conceptos relacionados con las altas capacidades: precocidad, talentos, superdotación. Se ha utilizado el título de supermentes para dar cabida a los conceptos relacionados con las altas capacidades. Pero lo más importante, con la idea de reconocer-las, reconocer las altas capacidades en la infancia y la adolescencia. Se expone también algunos aspectos clave de la legislación educativa a lo largo de los últimos años en referencia a la superdotación. Se reflexiona sobre un aspecto crucial, como es el diagnóstico y la evaluación de las altas capacidades. Por supuesto, según las interpretaciones que se generan a partir del concepto de inteligencia y de superdotación, éstas influyen en las representaciones sociales que se generan en la sociedad, y, por tanto, en el tipo de diagnóstico y de intervención que se realiza. En definitiva, se aborda la cuestión de ofrecer respuestas de calidad desde una escuela inclusiva, respuestas que debieran cuidar las necesidades de todos los alumnos. En su libro *Transformar la enseñanza*, los autores proponen precisamente «presentar un sistema que permita diseñar una pauta de actividades con el fin de alcanzar simultáneamente y al completo los objetivos básicos de todas las ramas del movimiento de la reforma escolar: la excelencia, la equidad, la inclusión y la armonía académicas» (Tharp, Estrada, Stoll y Yamauchi, 2002: 20). Ken Robinson ofrece, en su libro *El Elemento*, esa reflexión sobre la necesidad de transformar la educación del siglo XXI. Describe la inteligencia como diversa, dinámica y singular, pero «los procesos educativos actuales no tienen en cuenta los estilos individuales de aprendizaje ni el talento. De ese modo, ofenden el principio de individualidad» (Sir ken Robinson, 2010: 324). Se reflejan algunos de los estereotipos que, desafortunadamente aún en la actualidad corren por la sociedad y, lo que es más triste, en ámbitos psicosocioeducativos. Por supuesto, esas actitudes están relacionadas con la percepción social que se tiene, pero también con la falta de formación de los profesionales, poca formación de calidad que permita responder a las necesidades de las personas de altas capacidades y poner en marcha estrategias realmente efectivas.

A continuación, en el capítulo siguiente se expone un caso real que puede servir de ejemplo a tantos otros, pues contiene algunos elementos comunes. De hecho, este caso fue el inicio de mi interés por las altas capacidades, y el motivo principal para recopilar material para este libro. A lo largo de la exposición en este capítulo, se incluyen recursos para la valoración y el diagnóstico. Recursos que encontraréis a lo largo del libro y especialmente en el capítulo sexto, estrategias para profesionales, familias y chic@s, incluyendo reflexiones sobre las familias y los profesionales. Y es que este libro pretende ser una herramienta para todos vosotros y vosotras y para cualquier persona interesada en el tema. Ha sido cocinado a partir de las dudas que suscitan la temática. Pretende dar luz a aspectos que todavía hoy en día son desconocidos, mal entendidos, criticados y muchas veces malinterpretados.

Mi intención al escribir el libro ha sido sin lugar a dudas compartir y ordenar, sentir y mostrar. Ha sido una tarea compleja, pero muy emocionante, pues el hecho de dar forma a un tema tan vigente hoy en día, y al mismo tiempo tan trabajado desde la invisibilidad, te anima a encontrar el sentido.

Agradezco la paciencia y el tiempo dedicado por mis colaboradoras en el proyecto sobre altas capacidades que estamos llevando entre manos: Corina, Magaly y Lucía. También al equipo del Instituto Internacional de Altas Capacidades, por poner las bases en la nueva perspectiva biopsicosocial de las capacidades de los estudiantes y en la evaluación y acompañamiento que se está llevando a cabo, por ese cambio de perspectiva tan necesario en la actualidad que ayudará a muchos niñ@s y adolescentes y a sus familias, y también a los centros educativos a modificar y avanzar hacia una atención psicoeducativa de calidad. Asimismo, agradezco todo lo vivido a mis colegas a lo largo de los años, especialmente a María, Inma y Marc.

Agradezco a mis hijos su contribución a partir de sus cuestionamientos y de las conversaciones que vamos manteniendo a lo largo del tiempo; a Itziar por la revisión de la primera parte del capítulo cuatro, a Eric y Alec por su estar.

Agradezco a todos los niños y niñas, adolescentes y jóvenes, y a sus familias por confiarse a mí. También a mis alumnos por sus presencias. Gracias a la familia del caso que se expone en el capítulo 5 y a su hijo, con todo mi amor. El nombre que aparece —Phi— es ficticio para preservar su identidad.

Gracias a la confianza de mis editores, Caterina da Lisca y Alfredo Landman, y a todo el equipo de la Editorial Gedisa; sin vosotros no hubiera sido posible.

En definitiva, dar visibilidad a esas supermentes, al tema de la superdotación y de las altas capacidades ha sido un precioso reto que impregna de vida las páginas que tienes en tus manos. He pretendido también abrir la puerta a la oportunidad de ser lo que uno es, sin necesidad de no ser ni de ser lo que uno no es, ni de querer demostrar constantemente, simplemente SER desde la conciencia de uno mismo, sabiendo y mostrando lo que se es sin temor al rechazo, para vivir plenamente. «Solo cuando uno se conoce a sí mismo como un proceso total, físico, psicológico, en lo oculto, lo inconsciente, en las capas más profundas al igual que en las superficiales, tan sólo cuando conocemos ese proceso total somos capaces de resolver los problemas que inevitablemente surgen, no de manera parcial, sino como un todo» (Krishnamurti, 2010: 173).

Algunas reflexiones sobre la infancia y la adolescencia del siglo XXI

«¿Para qué sirve la infancia si es otra cosa que un pasaje delicado y necesario, si no es únicamente un tiempo de iniciación y de aprendizaje? Para nada, desde el punto de vista del economista. Sin embargo, puede brindar a los demás algo insustituible.

Un indicio: el niño se mueve en la mitología como pez en el agua. La recrea incesantemente. Es su lenguaje primero. La mitología ocupa y puebla su imaginación. Un sueño despierto. Un viaje que lo libera de los límites de su cuerpo y de la dimensión temporal. Puede que el niño sea el médium de la realidad. Está en contacto directo con una realidad esencial que los adultos sólo captamos deformada a través de metáforas y símbolos, mediante un sistema de convenciones».

FRANÇOISE DOLTÓ (1986, 132)

El cuidado de la infancia

Cuidado, *care*, aplicado al campo de la psicología significa guardar, vigilar, prestar atención a, dar protección, estar al cargo de, tener la responsabilidad de... ¿la infancia y la adolescencia? Desde el ámbito del estudio del procesamiento de la información, atención significa la selección de un estímulo como prioritario entre muchos otros, e implica estar por, estar pendiente de, aplicarse en, fijar el pensamiento en alguna cosa, y también significa una demostración de consideración hacia algo o alguien (Àngel, 2004). El concepto de cuidado social, por su parte, se define como «las actividades generadas por las demandas físicas y emocionales de los adultos dependientes y de los niños» (González, 2003: 10). Hay pues diferentes ámbitos de cuidado, como la atención social, psicológica, educativa, familiar, médica. El primer contexto de desarrollo del niño donde se ofrece el cuidado, atención y educación es dentro del sistema familiar, aunque bien pronto acompañado del contexto escolar, en un entorno sociocultural en interacción con otros seres donde el niño realizará una serie de experimentaciones, con el acompañamiento y el andamiaje de los adultos, los cuales le guiarán y le irán ofreciendo más responsabilidades, más autonomía, que le permitirán crecer y evolucionar. Ese imprescindible pilotaje también de los adultos hacia los alumnos de altas capacidades, que poseen un cerebro que procesa, almacena y recupera la información de forma diferente. Y esto también incluye el cuidado y la atención a la infancia y la adolescencia.

El cuidado y la atención a la infancia es un tema que preocupa a la sociedad en los diferentes países, pero para ofrecer un verdadero cuidado de la infancia, se debería garantizar realmente la igualdad de oportunidades de los niños para acceder a la educación, de hecho «es preferible concentrar los esfuerzos en una acción preventiva centrada en la infancia. Luchar contra la pobreza de los niños y garantizarles las mejores condiciones de cuidado y de estimulación debe permitir al mismo tiempo prevenir la exclusión y preparar una mano de obra mejor formada, cualificada y móvil (una socialización precoz en la guardería permite reducir considerablemente el riesgo de fracaso escolar)» (Esping-Andersen y Palier, 2010: 17).

Cuidado, atención y educación son aspectos fundamentales para que el niño crezca de forma sana. Para ello, se deberán ofrecer situaciones educativas adecuadas que permitan y potencien el desarrollo y el aprendizaje de los niños, de todos los niños, adaptando esos entornos educativos a las posibilidades de cada uno, consiguiendo desarrollar sus habilidades y sus capacidades. Para ello será necesario estar atentos al desarrollo y al aprendizaje de los niños. Abordando el desarrollo desde un enfoque sistémico, su inicio se sitúa en la teoría de sistemas, fundamentada en la biología, y que se introdujo en la psicología a partir de las proposiciones de Humberto Maturana. El enfoque sistémico considera que los organismos —niño— son sistemas abiertos; un sistema es una unidad compleja en el espacio y en el tiempo, constituida de tal manera que sus unidades, gracias a una cooperación específica, mantienen su configuración integral de organización y comportamiento y tienden a restablecerla después de perturbaciones no destructivas (Secanilla, 2016: 34). El desarrollo se va realizando a partir de que el sistema niño se va acoplando con otros sistemas (familia, amigos, escuela, trabajo). Maturana y Varela (1984; 1994) afirman que un niño es un sistema abierto pero que además recibe estímulos y sufre perturbaciones, gracias a las cuales le producen cambios de estado. Por tanto, el niño va adaptándose constantemente a su entorno, «presuponiendo la existencia de una capacidad e de mantener intercambios con el entorno, siendo ésta su motivación» (Perinat, 1996).

A partir de la teoría de los sistemas, una de las perspectivas sobre el desarrollo de los niños y adolescentes que impactó en la sociedad fue la teoría sistémica. Según Bronfenbrenner (1979), el desarrollo de los niños se sitúa en *settings* —ámbitos—, en diferentes instituciones, como la familia, el grupo de amigos, la escuela, las actividades extraescolares, etc., donde el niño, a causa de las actividades que se producen, comienza a entablar relaciones e interacciones con los seres que están en estos ámbitos, gracias a lo cual se inicia en la ejecución de los roles sociales. Entonces, según el autor, en cada uno de estos *settings* se dan diversas experiencias, y de lo que se trata es de irlas integrando a lo largo del ciclo vital; precisamente en esto consiste el desarrollo humano. Los dos ámbitos por excelencia y que primero acogerán al niño son la familia y la escuela. Un aspecto clave que comenta el autor es el de **transición ecológica**, es decir, aquellos impases de un ámbito a otro, que implican un cambio en su evolución. Permite crear nuevas relaciones, interactuar con otras personas en otros escenarios donde practicarse en otros roles sociales. Ese rito de transición implica también un acompañamiento por parte del adulto en el niño, precisamente para que se garantice su desarrollo psicológico y social. Un acompañamiento que permita pasar de una etapa a otra, a hacer cada transición en el espacio y tiempo adecuados, sin prisas.

Los niños y adolescentes son vida vivida. Vida. Y la vida es energía, la vida es un proceso creativo. Los adultos simplemente han de mirar el jugar la vida por parte de los niños y adolescentes. Mirar simplemente su quehacer, acompañar y reforzar sus talentos, sus habilidades, su inteligencia. Ser creativos y permitirles su creatividad. Y la creatividad es eso, vivir, imaginar, crear, probar, desechar y escoger lo que nos motiva, errar y volver a intentarlo, deshacer y volver a hacer, poniéndoles toda la emoción y la pasión, la entrega, la responsabilidad, el respeto, el trabajo, el esfuerzo, arriesgándose flexiblemente a los cambios.

Los niñ@s y adolescentes del siglo XXI... y los centros educativos

Actualmente, nos encontramos inmersos en un mundo cambiante, acelerado, horarios laborales extensísimos, una sociedad que va a un ritmo de espasmo. Los avances tecnológicos, las redes sociales y la aparatología que usamos —pc, móviles, tabletas, videoconsolas, entre otras— se enmarcan en este escenario cambiante acelerando aún más la comunicación entre los seres del planeta, y modificándola. Y en medio de todo ello se encuentran nuestros niños y adolescentes, que aprenden rápido, muy rápido con estas tecnologías que les permite traspasar ese mundo real hacia un imaginario a su medida en un santiamén. Así, los usos de los tiempos y de los espacios pasan por tener una nueva mirada hacia el concepto de familia, y en consecuencia a las relaciones que se establecen entre sus componentes.

La visión de la infancia y la adolescencia y de la escuela que se tiene hoy en día, su concepción, difiere mucho de la idea de niño pasivo que se tenía en el siglo pasado. Ahora se considera que los niños y las niñas, los adolescentes poseen grandes potenciales, son seres que desean aprender, que están abiertos a nuevas ideas, dispuestos a interactuar con los adultos que se impliquen emocionalmente en su educación y desarrollo (Goldschmied y Jackson, 2002). Potenciales que debemos tener en cuenta y promocionar, potenciales que serán fundamentales valorar en los niños y adolescentes de altas capacidades. De hecho, esa educación y esa escuela de los siglos pasados que insistía en la transmisión de conocimientos para que sus alumnos los reprodujeran, en este siglo XXI, se ha apuntado hacia una educación inclusiva, de calidad, donde todos los alumnos tengan cabida, desde escuelas que potencien las capacidades de cada uno, las desarrolle, las amplíe y las transforme en talentos.

Pero el sistema educativo no siempre ofrece los mecanismos necesarios para atender a todos los alumnos como precisan, para desarrollar precisamente sus potencialidades; ante la diversidad existente de diferentes tipos de inteligencias, las políticas educativas debieran procurar que todos y cada uno de nuestros niños y adolescentes tengan éxito y desarrollen al máximo sus propias capacidades, aunque parece ser un camino algo arduo. Y más entendiendo la inteligencia como un conjunto de habilidades intelectuales, desde un punto de vista multidimensional, donde intervienen aspectos tanto cognitivos como emocionales. Si la ciencia está demostrando que el desarrollo y la configuración del cerebro de un niñ@ con alta capacidad es muy distinto, ¿por qué la educación debe estar exenta de cambios? Para ello es preciso abordar también la formación de los maestros. Es preciso que los docentes se formen —ya desde su formación inicial y después en su plan de formación continua— como expertos de la enseñanza y el aprendizaje y expertos también del desarrollo global del niñ@, a nivel evolutivo y también del desarrollo y funciones del cerebro, pues son los aspectos que definen los estilos de aprendizaje de los alumnos y con estos conocimientos podrá desarrollar estrategias adecuadas a cada alumno. Es necesario que los docentes integren de una vez esa su función de observación y de guía, de mediador de los aprendizajes, y de mediador entre la institución educativa y la familia. Y que ponga al servicio esa su función, también para los niñ@s de altas capacidades.

De hecho, uno de los grandes logros conseguidos ha sido el abandono progresivo del paradigma tradicional de las altas capacidades en favor de un paradigma emergente que permite un abordaje más claro, funcional y multidisciplinar. Este paradigma emergente se caracteriza por dejar de lado numerosos mitos al respecto, como veremos en los siguientes capítulos. Entre ellos la extendida (pero confusa) identificación de las altas capacidades mediante la medida monolítica del cociente intelectual, a favor de una perspectiva que parte de una comprensión de la inteligencia como una capacidad multidimensional configurada por distintos componentes de carácter lógico-deductivo y creativo que, necesariamente, se deben medir para la identificación de la alta capacidad. Este paradigma emergente entiende que la alta capacidad está configurada multidimensionalmente y se expresa en diversos perfiles —ya sea de superdotación, ya sea de talento o precocidad intelectual— que tienen una manifestación y un rendimiento diferenciales como resultado progresivo de la interrelación entre una dotación neurobiológica privilegiada, un entorno adecuado, unos rasgos de personalidad y el esfuerzo necesario que cristalizan —o no— a lo largo del desarrollo (Sastre-Riba, 2011).

Por su parte, las escuelas debieran ser lugares seguros donde poder aprender sin miedos, sin temor a equivocarse, siendo un@ mismo. Lugares donde se permitiera aprender asumiendo riesgos intelectuales, donde los éxitos con esfuerzo se refuerzan y los errores se enfocan como oportunidades de aprendizaje. Lugares que ofrecen espacios para parar, para reflexionar, para profundizar, para dialogar y conversar, y se convierten en espacios de encuentro. Lugares sensibles y respetuosos que incluyan todas las capacidades y habilidades de los niñ@s, donde todos los tipos de mentes tengan cabida. Lugares donde el adulto tiene un rol de mediador, de participación guiada en un proceso de autoconstrucción del aprendizaje por parte del propio niño. Lugares donde se ofrezca la posibilidad de cooperar entre iguales, permitiendo la heterogeneidad de habilidades e intereses dentro de los grupos. Lugares donde los estudiantes se toleren entre sí, se acepten, se respeten, convivan, sean altruistas. Donde no se etiquete ni discrimine por capacidades, donde todos se puedan sentir habilidosos e inteligentes, cada cual a su manera. Lugares donde se evalúe con sentido común, donde se adapten diversos métodos de evaluación según lo que cada niño necesita. Lugares donde se creen escenarios reales para promover la creatividad —a través del arte, de la música, del teatro, de la danza, de la literatura, de la investigación, de la ciencia—. Lugares que mantengan el currículum activo, vivo, entendiéndolo como un proceso cambiante y no como un fin en sí mismo, analizándolo, evaluándolo, modificándolo cuando sea preciso. Vemos a continuación algunas propuestas sobre lo que cabría esperar de nuestras escuelas:

Tabla 1. Lo que veríamos en las escuelas para todos los tipos de mentes

- Enseñantes muy versados en las distintas funciones neuroevolutivas que, como tales, actúan como expertos locales en temas de aprendizaje.
- Enseñantes que observan y describen las características neuroevolutivas de sus alumnos y responden a ellas de la manera más adecuada.
- Enseñantes que basan sus métodos docentes en su comprensión del funcionamiento del aprendizaje.
- Estudiantes que aprenden sobre el aprendizaje mientras aprenden.
- Estudiantes que comprenden y pueden seguir el desarrollo de sus propios perfiles neuroevolutivos.
- Estudiantes cuyas virtudes han sido adecuadamente identificadas y cultivadas.
- Estudiantes que respetan a los compañeros cuyos perfiles neuroevolutivos y cuyas circunstancias personales difieren de las suyas.
- Padres que colaboran y unen sus fuerzas para que las escuelas atiendan a todos los tipos de mentes.
- Escuelas que celebran y fomentan la diversidad neuroevolutiva.
- Escuelas donde todos los estudiantes adquieren y desarrollan sus propias especialidades y desarrollan sus inclinaciones.
- Escuelas que ofrecen múltiples caminos educativos.
- Escuelas que destacan más los proyectos a largo plazo que las actividades realizadas con rapidez.
- Escuelas que ayudan a los alumnos a realizarse en los campos de la psicomotricidad, la creatividad y el servicio a la comunidad.
- Escuelas que crean y mantienen un plan educativo para cada alumno.
- Escuelas que se niegan a etiquetar a sus alumnos.
- Escuelas donde los niños pueden aprender y trabajar a su propio ritmo.
- Escuelas que ofrecen a sus alumnos una amplia gama de vías y métodos para que puedan poner de manifiesto sus conocimientos y sus logros educativos.
- Escuelas que nunca juzgan a sus alumnos con una severidad inflexible y excesiva.
- Escuelas donde el personal docente u otras personas de la comunidad actúan como mentores y consejeros de los alumnos.
- Escuelas que ayudan a los padres a conocer las funciones neuroevolutivas y que destacan la necesidad de trabajar con cada mente por separado.

Levine, 2003: 389.

Por otra parte, en las políticas de infancia se pone el acento habitualmente en elaborar programas dirigidos a unos u otros colectivos, y es un gran avance, pero sería necesario tener una mirada más amplia, que abarcara el conjunto de la infancia y la adolescencia, entendida ésta de 0 a 18 años, de forma global, y que se pusieran a disposición mecanismos para ofrecer planes de infancia —y de familias— que atiendan a todos los niños y adolescentes, cuidando de sus intereses y necesidades en el presente. Además, los niños y adolescentes del siglo XXI debieran formar parte de esas políticas con voz y voto propio, participando plenamente de las decisiones que se toman. Sin olvidar el entorno del niño y del adolescente, fundamental para su evolución y un crecimiento sano. Por entorno se entiende a la familia, al grupo de amigos, a la escuela, a las actividades extraescolares, a los profesionales de los diferentes servicios. Un entorno que debiera crear espacios de diálogo comunes en beneficio de los niños y adolescentes. Espacios comunes que permitieran conectarse entre sí, trabajar conjuntamente, de forma interdisciplinaria, en red, una red distinta a la que me refería hace un momento, me refiero a una red *presencial* de diálogo. Una red de relaciones que permitieran acompañar a nuestros niños y adolescentes en cada etapa de transición, en los diferentes momentos de madurez, de evolución, de paso de una etapa a otra. Sin prisas, sin *comerse* etapas, sin adelantarse.

Pero hoy en día parece que lo que prima en nuestra sociedad es precisamente eso, *quemar* etapas, correr, ir rápidos. En el caso de la adolescencia, parece que cada vez se adelanta más, hemos *inventado* la etapa de la preadolescencia ya desde la educación primaria, eso me comentaba hace pocos meses una familia, que su hijo de casi 9 años ya estaba preadolescente. Y otras, en el otro extremo, que no dejan que sus hijos gateen, asegurando que es mejor que directamente se pongan de pie, que anden, que corran. Existen esas paradojas, mucha prisa para avanzar y quemar etapas, pero cada vez más nos encontramos con *adolescentes* de treinta años —y más— que todavía conviven con los padres. ¿Merecía la pena ponerse tan rápido de pie y caminar?

Familia e infancia en el siglo XXI. Hacia un *parenting* positivo

Desde esa perspectiva sistémica a partir de la cual se abordan las reflexiones en este libro, la mirada se hace más amplia, observando los diferentes contextos de desarrollo —la familia como primer sistema de desarrollo y luego el centro educativo—, pero reconociéndolos, incluyéndolos, percibiéndoles como partes de un mismo engranaje, dialogando con ellos, creando relaciones e interacciones de calidad que generen la construcción equilibrada y el bienestar de cada uno de los sistemas *per se*.

Cada niño y adolescente procede de un sistema familiar determinado, el cual actúa según unas normas, unas creencias, una cultura propia, y por tanto observaremos a cada uno de ellos teniendo en cuenta esta mirada sistémica. Esta concepción implica pues ampliar la mirada a las dimensiones que inciden en la vida desde una **perspectiva generacional** (Parellada, 2006; Traveset, 2007) y que viene dibujada desde diferentes ámbitos complementarios que influyen en las relaciones en nuestra vida:

- *Dimensión intrapsíquica*. Este ámbito incluye al niñ@ y adolescente como un sistema físico, emocional, mental, espiritual. Saber en qué etapa evolutiva se encuentra es fundamental, así como qué habilidades tiene, qué recursos, qué capacidades, cómo siente, qué relaciones establece con su mundo interior y con el mundo exterior. El ser en su globalidad.

- *Dimensión intrageneracional*, la red familiar, es decir, los vínculos que se establecen entre una generación y la siguiente, entre hijos y padres.

- *Dimensión transgeneracional*, o red social, la que vincula a las diferentes generaciones entre sí, por ejemplo, entre nietos y abuelos.

▶ *Dimensión intergeneracional*, que incluye las peculiaridades entre iguales dentro de una misma generación, así como su influencia en el contexto educativo y social.

En la definición de estos ámbitos encontramos diferencias de significado entre unos y otros autores. Por ejemplo, Traveset (2007: 37) considera que la dimensión transgeneracional hace referencia al vínculo que se establece entre generaciones y también con los antepasados, la dimensión intergeneracional la considera como el vínculo entre padres e hijos y la dimensión intragreneracional la contempla como los lazos y lealtades en relación con la propia generación. No obstante, a pesar de estas diferencias, observamos que en cada una de estas dimensiones se obtienen informaciones de carácter emocional, cultural, social, del propio niño y de su sistema de relaciones. Del lugar que ocupa y cómo lo ocupa dentro de su sistema. Y todo ello nos dará también información privilegiada para conocer y actuar, para poner en marcha estrategias psicosocioeducativas adecuadas a las necesidades de cada uno. Porque, además, esta mirada generacional se puede dirigir hacia el niño y la propia familia, pero también entre los propios docentes, dentro de cada centro educativo, pues es el otro sistema por excelencia donde habita el niño.

La familia es un sistema viviente que posee una organización capaz de producirse a sí misma —*autopoiética*, en términos de Maturana y Valera—. «Este sistema fabrica sus propios componentes, partiendo de elementos que le procura su medioambiente humano; además, tiene la capacidad de modificar su propia estructura para adaptarse sin perder su identidad. La finalidad de una familia es crearse, mantenerse y reproducirse como un organismo viviente. Por lo tanto, toda la energía y los recursos familiares están, en términos absolutos, destinados a mantener la organización viviente de todos los miembros que la componen» (Barudy, 1998: 41). La familia ha sufrido importantes cambios a lo largo de los últimos años, pero continúa siendo un sistema fundamental para la atención y la educación de sus hijos. La familia se ha ido adaptando y especializándose para dar respuesta a las necesidades y situaciones de nuestro mundo cambiante. Actualmente se concibe la familia como el principal sistema educador de sus hijos, haciendo énfasis a la importancia de adquirir habilidades y estrategias para ofrecer una parentalidad positiva. Esto implica considerar la parentalidad como parte de la propia comunidad, con responsabilidades compartidas. De ahí que hayan surgido programas específicos para acompañar a los padres y madres en su crianza y en la consecución de esta parentalidad positiva.

El tipo de relación más importante que se establece en el seno de una familia es el **apego**, «donde los hijos expresan más de un tipo de comportamiento que tiende a asegurar la proximidad» (Bowlby, 1993: 207) con el adulto de referencia. Si los estímulos y las interacciones del entorno familiar son ricos, facilitarán el aprendizaje y la posibilidad de ir estableciendo otros vínculos de calidad, vínculos que estarán condicionados por los comportamientos de apego establecidos previamente; si son fuertes y duraderos, el niño se sentirá más seguro, pero si se experimentan rupturas del vínculo (muerte o ausencia de la persona de referencia), puede suponer una alteración en la capacidad de vinculación afectiva (Bowlby, 1995). Así mismo, el niño se aferra a las personas de referencia con las que tiene mayor relación, si ésta es de calidad; con los padres, con hermanos, con abuelos, con educadores, produciéndose una «estrecha vinculación emocional que se establece y mantiene entre el niño y aquellas personas de su entorno que más establemente interactúan con él, satisfacen sus necesidades, le aportan estimulación y responden a sus demandas e iniciativas» (Palacios y Moreno, 1994: 163). Tras diversos estudios sobre el apego, se reconocen tres tipos: *apego seguro, apego inseguro* y *apego ambivalente*, que se irán desarrollando en función del tipo y la calidad de las interacciones que se establezcan, cambiando si se modifican las relaciones. «Es bueno que el niño disponga de varias figuras de apego que le permitan obtener interacción amplia y variada, a la vez que se compensan posibles deficiencias temporales de algunas de ellas. Y es efectivo contra los efectos de una figura de apego ansiosa, los celos fraternales y en general todos los conflictos que puedan plantearse en el desarrollo afectivo. El ambiente de adaptación afectiva del niño es el clan y no la relación dual» (López, 1984).

Las relaciones dentro de la familia, entre sus componentes, son complejas y van variando a medida que cambia la composición de la familia, y también teniendo presente la diversidad de tipologías familiares —tradicional, monoparental, mixta, homoparental, reconstituida, de acogida, de adopción—. Por todo ello, la escuela no debe olvidar que el niño, el adolescente, forma parte de un contexto familiar que incide de forma clara en el niño, un sistema con el que establecen apegos, dependencias, y que influye en sus valores, en sus creencias, en sus actitudes y comportamientos. El centro educativo debe velar por estar y actuar de forma fluida con el contexto familiar, estableciendo lazos de seguridad, y éste, a su vez, debe procurar actuar y relacionarse en conjunción con el centro educativo. Es así como podemos llegar a conseguir que las inteligencias y habilidades de cada niño surjan, siendo ambos sistemas copartícipes en la educación de los niños y adolescentes.

Por otra parte, existen diferentes dinámicas familiares en el seno de las familias, diferentes maneras de ser y estar, diferentes **estilos educativos**, diferentes capacidades para atender a las necesidades de los hijos. Capacidades que desembocan en una *parentalidad sana y competente*. O bien capacidades que ofrecen una *parentalidad incompetente* que provoca sufrimiento y daño. (Barudy y Dantagnan, 2005).

Un *parenting* **disfuncional e incompetente** evita las tres finalidades de la función parental, es decir, la función nutriente, que asegura la vida y el crecimiento de los hijos; la socializadora, que permite el desarrollo y el crecimiento de los hijos; y la educativa, que garantiza el aprendizaje de los modelos de conducta propios para convivir en la familia y en la sociedad. Los estilos educativos que derivan de un *parenting* incompetente serían: el **estilo autoritario-represivo**, donde se da una ausencia afectiva, una comunicación de control rígido, decidiendo por sus hijos, obsesionándose por las normas, no reconociendo las capacidades ni los logros de los hijos; el **estilo permisivo-indulgente**: padres disponibles pero sin ejercer autoridad, que usan al hijo para satisfacer las necesidades de los propios padres, sin explicitar normas y reglas, los hijos presentan grandes dificultades para controlar sus frustraciones, la comunicación de los padres con los hijos no respeta la jerarquía ni la edad ni el nivel de desarrollo del hijo; por último, el **estilo permisivo-negligente**, con carencias afectivas de todo tipo, los padres no ejercen su autoridad, se comunican mínimamente con el hijo, no apoyan ni estimulan ni reconocen los logros de los hijos, la permisividad es excesiva y se debe a la comodidad, a la incompetencia y a la discontinuidad de los modelos de crianza.

Desde un estilo educativo que ofrece un *parenting* **positivo**, los adultos de referencia (padres, tutores educativos) ofrecen un modelo afectivo de apego seguro, estimulando el desarrollo de una capacidad cognitiva basado en el pensamiento crítico y reflexivo, modelando sus conductas para que sean sujetos sociales altruistas y operen en el *afecto* —las relaciones afectivas y las emociones se expresan y modulan con inteligencia emocional—, en la *comunicación*, estando siempre presentes, definiendo las relaciones como de reciprocidad jerarquizada, en las *exigencias de madurez* —los adultos actúan estimulando el crecimiento y maduración de los niños, plateándoles retos adecuados, animándolos y reconociéndolos, gratificándolos por sus logros—, en el *control*, el cual debe tener lugar a través de comportamientos y discursos que de una forma inductiva permiten la integración de las normas y reglas necesarias para la convivencia. Sería lo que se conoce como un *estilo educativo democrático*, en que los padres muestran afecto, cubren las necesidades del niño, controlan su conducta con normas, procuran la autonomía del niño, le hacen participar en las decisiones, se les da explicaciones, les respetan y valoran. Veamos cómo:

Tabla 2. Pilares de un *parenting* positivo

a)	Las relaciones adulto-niño son personalizadas, afectivas y respetuosas. En ellas se reconocen los derechos y deberes de los padres y de los hijos —y de los maestros y niños—, teniendo en cuenta que la responsabilidad de los cuidados, la educación y la protección la tienen los adultos.
b)	Las representaciones de los niños y niñas corresponden a imágenes positivas de ellos, de tal manera que sus atributos y logros despiertan admiración, gratificación y placer a los adultos.
c)	Las experiencias de las conductas de los niños y niñas son constructivas, se confía en sus posibilidades y se espera que se comporten adecuadamente. Si esto no ocurre, se analizan las transgresiones considerando los contextos y las circunstancias en donde éstas ocurrieron.
d)	Se aceptan y se respetan las diferencias entre los niños, incluyendo sobre todo la diversidad de género, edad y singularidad ligadas a minusvalías u otras circunstancias. También las altas capacidades.
e)	El intercambio comunicacional es una característica relevante de este modelo de buen trato y las conversaciones se organizan espontáneamente y permiten abordar todos los aspectos.
f)	El control de los comportamientos se ejerce a través de intervenciones inductivas consistente. Cuando las sanciones son necesarias, éstas son respetuosas, claras y razonables.
g)	El ejercicio de la función educativa con las características descritas se ejerce en un sistema familiar o institucional nutridor donde existe una jerarquía clara y explícita. Por lo tanto, la atribución de roles y funciones están claramente definidas, siendo al mismo tiempo flexible para hacer frente a los desafíos familiares. En este contexto, las normas, reglas y leyes que modulan los comportamientos son enseñados en el marco de relaciones afectuosas y éstas son permanentemente recordadas y reforzadas a través de conversaciones cotidianas y significativas.

Adaptación propia a partir de Barudy y Dantagnan, 2005.

Estos modelos, estilos y enfoques de la familia precisan de un análisis coherente para identificar las necesidades que tenga dicha familia y ofrecerle las estrategias necesarias para mejorar su parentalidad, pero teniendo también presente aquellas posibles capacidades parentales positivas, y como resultado reforzarlas. Es importante recordar también que ejercer una parentalidad positiva y procurar el bienestar de los hijos, implica también procurar el bienestar de las propias familias. Las familias necesitan que se les ofrezcan espacios de seguridad donde se les brinde apoyo, orientación, asesoramiento sobre cómo deben ejercer ese modelo educativo familiar positivo, donde puedan expresar sus dudas y miedos, donde se les valore el esfuerzo que realizan y se sientan reforzados. Se trata de que en el sistema familiar se promuevan estrategias de crianza positiva teniendo en cuenta el bienestar del conjunto de sus componentes, en un estado del bienestar como el que tenemos actualmente. Para ello es necesario repensar las estrategias que se ponen en marcha en materia de política familiar; ofrecer apoyos para el cuidado de los hijos, servicios públicos para la infancia o la importancia de mantener la función laboral de la mujer a lo largo de la vida, entre otras. Pero nos encontramos ante una paradoja extendida aún hoy en día en la sociedad, pues «según muestra una creencia, la externalización de las responsabilidades familiares viene a comprometer la calidad de vida de la familia y erosiona sus solidaridades. Todo muestra exactamente lo contrario, los lazos entre las distintas generaciones de una misma familia parecen más fuertes y más frecuentes cuando la obligación potencial de ocuparse de los padres está razonablemente limitada; lo mismo sucede en el caso del grado en que los padres se ocupan de sus hijos» (Esping-Andersen y Palier, 2010: 47).

Parentalidad positiva, desde un enfoque político, psicoeducativo y comunitario, entendiéndola como todo ese conjunto de comportamientos y habilidades de los padres que tiene presente al niño y adolescente en su globalidad, que le cuida, que le permite desarrollar sus habilidades y sus capacidades, que le pone límites, que ofrece un lugar seguro para expresar sus emociones, que estimula su crecimiento y maduración, que lo reconoce como ser. Para ello sería necesario contar con servicios especializados (desde los centros educativos, psicológicos, de salud) y otras medidas como las redes de atención y soporte a la infancia y sus familias, medidas que favorezcan un *parenting* positivo; este concepto que se convierte en un proceso dinámico en el que tanto los padres como los hijos son los protagonistas esenciales, que se construyen creando una adaptación, una negociación y colaboración mutua, pues la «cuestión clave no es si las figuras parentales han de ejercer la autoridad para que los hijos los obedezcan, sino cómo ejercerla de manera responsable para que se preserven los derechos de los hijos y de las hijas, se fomenten sus capacidades críticas y de participación en el proceso de socialización y se promueva progresivamente su autonomía e implicación productiva en la vida comunitaria» (Rodrigo López: 2015). Según este enfoque, en el ejercicio de la parentalidad deberemos incluir todos aquellos aspectos que influyen, además del contexto, como las necesidades evolutivas y educativas en cada edad de los hijos. Si además existen otras necesidades que se tengan que atender en el seno de la familia, como es el caso de las altas capacidades, pueden surgir inquietudes, angustia, inseguridad, miedos, desafíos que provocan un cambio dentro de la dinámica familiar, desajustes que será necesario ir reorganizando y reajustando a medida que el niño crezca. Estos cambios pueden provocar una descompensación en el ejercicio de la parentalidad que será necesario tener en cuenta. Para ello, por ejemplo, existen los GAM (grupos de ayuda mutua) que ofrecen espacios de seguridad acompañados por profesionales, donde permiten expresar todas esas emociones, ofreciendo estrategias psicoeducativas, creando una importante red de apoyo.[1]

En consecuencia, las familias buscan ofrecer una parentalidad positiva y eso es lo que cualquier niño precisa. Aunque cuando se abordan los casos de niñ@s de altas capacidades, las familias se plantean retos ante la sospecha de que sea superdotado, surgiendo entre otras estas situaciones que deben ser afrontadas:

Tabla 3. El impacto de la superdotación del hijo en los padres

a) Obtener una adecuada evaluación de las habilidades y necesidades de su hij@.

b) Asimilar los resultados de la evaluación, aceptándola, entendiéndola y manejándola.

c) Decidir la educación apropiada y las medidas a tomar.

d) Manejar la implicación económica para todo tipo de familias.

e) Enfrentarse a la escasa comprensión y respuesta de la sociedad.

f) Saber responder a las necesidades que pueden surgir respecto a cómo tratar a su hij@ y cómo actuar ante su sensibilidad, intensidad, aprendizajes, etc.

g) Afrontarse a un posible y temprano *nido vacío* debido a la extrema aceleración del hijo.

h) Descubrir y aceptar la superdotación de uno mismo. Ayudar al hijo a aceptarlo.

i) Desarrollar las propias aspiraciones *versus* la total dedicación en la crianza y desarrollo del hijo.

Adaptación propia de Silverman y Kearney, 1989.

Partiendo de estos factores, las familias se encuentran ante una situación desconocida, se sienten muchas veces poco capacitados para enfrentarse a la realidad, surgiendo muchas veces

---

1. Investigación sobre los grupos GAM, a partir de las experiencias del grupo, en: Secanilla *et al.* (2011).«La atención al cuidador. Una visión interdisciplinaria», *European Journal of Investigation in Health, Psychology and Education*, vol. 1, nº 3, págs. 105-118.

ese sentimiento —consciente o inconsciente— de poca capacidad intelectual ante el hijo, sus miedos, saber cómo responder, cómo potenciar sus habilidades, saber de qué recursos disponen, escoger escuela (valorando aspectos como si van a saber o no atender a su hijo, si van a facilitarle los recursos que precisa, si, si, si...). Para ello es imprescindible que estén acompañados por profesionales competentes y formados en este ámbito, para que los guíen, los asesoren, se coordinen y trabajen conjuntamente en una misma línea apropiada para que su educación sea un éxito. Y son imprescindibles también escuelas respetuosas y amables con los talentos de todos sus alumnos, que ofrezcan espacios acogedores para favorecer sus capacidades, su creatividad y su autonomía, escuelas que permitan a los alumnos ser y que incluyan a sus familias. Éstas son familias que están dispuestas a mostrar actitudes positivas, a fortalecer a sus hij@s, a ofrecerles las estrategias necesarias para potenciar sus habilidades, familias dispuestas a escuchar a los profesionales, familias que ejercitan un *parenting* positivo.

La inteligencia. ¿Y dónde se esconden «las otras» inteligencias?

> «... Lentamente, en voz baja y sin mirar a nadie, comenzó a decir que era una lástima, una inmensa lástima, que las personas de aquella ciudad malbaratasen su energía vital, el corazón y la inteligencia en juegos de cartas y chafarderías, y que no supieran ni quisieran pasar el rato manteniendo una conversación interesante o leyendo, que no quisieran disfrutar de los placeres que proporciona la inteligencia. Nada más la inteligencia es interesante y admirable, el resto es insignificante y mezquino».
>
> Antón Chéjov (2017: 82)

Introducción. El concepto y las medidas de la inteligencia

¿Qué entendemos por inteligencia? ¿Qué es la inteligencia humana? El constructo inteligencia ¿se refiere únicamente a un funcionamiento biológico del cerebro?

Según la Real Academia Española, inteligencia se define como la «facultad de la mente que permite aprender, entender, razonar, tomar decisiones y formarse una idea determinada de la realidad. Habilidad o capacidad para hacer algo con facilidad, acierto y rapidez. Capacidad de entender o comprender. Capacidad de resolver problemas. Conocimiento, comprensión, acto de entender. Sentido en que se puede tomar una proposición, un dicho o una expresión. Habilidad, destreza y experiencia».

El vocablo inteligencia proviene del latín *intelligere* —comprender, entender—, que a su vez deriva de *legere* —coger, escoger—. Comprender, entender, coger, escoger... ¿son términos que tienen una concepción biológica y ya está? ¿Nos conformamos con esta definición? Entonces... si soy inteligente significa que ya nazco con esta capacidad, por lo tanto, puedo procesar en mi cerebro el hecho de comprender, entender, coger y escoger, o sea, discernir, percibir, descubrir, elegir, tomar. Por tanto, ¿no tendrá nada que ver el ambiente donde yo me crío ni la educación que recibo?

Desde la psicología, por su parte, «inteligencia» ha sido una palabra a la que se le ha ofrecido diferentes definiciones que han llevado a discusiones a lo largo de la historia. Dentro de las definiciones más habituales, se asocia el concepto inteligencia como la capacidad de aprendizaje; la disposición para realizar con éxito determinadas tareas o actividades; la capacidad de adaptación a las exigencias del entorno; la capacidad para manejar símbolos y para solucionar problemas; la capacidad para manejar eficazmente información y utilizarla; sistema complejo de procesos cognitivos; el conjunto de aptitudes interdependientes; la rapidez, la energía y el rendimiento mental. Capacidad, capacidad, capacidad, mental, procesos cognitivos, aptitud, aptitudes, adaptación, disposición, exigencias, capacidad, capacidad, procesos cognitivos. Esta perspectiva biológica individualista se fija en el cerebro como centro de las funciones que permiten a la persona sobrevivir y adaptarse al entorno.

Entonces, el niño debe adaptarse al medio, a los otros, a las circunstancias, si entendemos la inteligencia simplemente como la capacidad de adaptación al medio, a las exigencias del entorno. Pero el significado de inteligencia va más allá. Un niño superdotado tampoco es, simplemente, parte de una escala, por lo tanto, que en un test obtenga un CI (coeficiente intelectual) mayor de 130 no significa que es superdotado y ya está. El niño es, ante todo, un ser humano. En consecuencia, su capacidad de adaptación debe ser respetada, gestionada, enriquecida y aprovechada por los que le rodeamos. El niño necesita herramientas precisas que le lleven a su bienestar de forma global.

La inteligencia se puede medir, sí, existen diversas pruebas, instrumentos de medida (administrados en muchas ocasiones de forma aislada) para evaluar la inteligencia: Wisc-V, WaisIV, wwppsi-IV. El primer test de inteligencia para medir el CI lo creó Alfred Binet (1857-1911). Posteriormente, el psicólogo alemán William Stern (1871-1938) clasifica la inteligencia según el CI, y establece unos baremos para considerar más inteligente o menos a una persona. 130 o más, muy superior; 120-129 inteligencia superior; 110-119, normal brillante; 90-109 inteligencia normal; 80-89 subnormal; 70-79 limítrofe; 50-69 deficiente mental superficial; 49-30 deficiente mental medio; 20 o menos deficiente mental profundo. Según estas medidas, una persona con altas capacidades es la que obtiene en el test de inteligencia una puntuación de 130 o más. ¡Y ya está!

Pero al administrar un test de inteligencia donde se valora el CI y nada más, ¿dónde se tienen en cuenta las variables que pueden condicionar que aquel niño haya cometido «errores» en aquel momento concreto? Dependerán factores como el ambiente donde se realicen las pruebas, la situación familiar, su estado emocional, la motivación, la situación escolar, entre otros. Además, lo que miden los test de inteligencia por sí solos son algunos aspectos del ser; evalúan algunos de los componentes de la conducta inteligente; sitúan a la persona en un rango determinado, etiquetándola, haciendo comparaciones muchas veces desajustadas.

Afortunadamente, en los últimos años, los fenómenos intelectuales (inteligencia) se comienzan a entender gracias a la representación de los procesos que están implicados manipular, transformar, elaborar la información. Este salto es cualitativo, puesto que se ha pasado de describir la conducta a plantear cuáles son los procesos que están implicados (Castelló, 1999: 5). Se ha pasado de medir algo con lo que no se sabía qué era a pensar en qué se quiere evaluar antes de crear los instrumentos. Se han conseguido explicaciones más comprensibles del funcionamiento cognitivo y, por tanto, de los criterios de cómo incidir en su óptimo desarrollo.

Como afirma Martínez-Otero (2009: 7), «la inteligencia se presenta como una realidad evolutiva que, aunque alcance el techo en la adolescencia, en años posteriores puede enriquecerse gracias a la experiencia vital. Además de este dinamismo intelectual, también se ha de hacer hincapié en la trascendencia que en la comprensión de la cognición humana tienen los aspectos emocionales, morales y sociales».

Los humanos queremos aprender, adquirir conocimientos, adquirir experiencia, ser inteligentes, entender, comprender, conocer, tener, adquirir... pero ¿hay algo más? Las emociones que sentimos ante todo ello, las que sienten los demás, la consciencia sobre nuestras propias emociones y sobre las de los demás... ¿formarán parte de ese concepto de inteligencia? Y ¿dónde se sitúan los otros talentos además del CI? En los siguientes apartados de este capítulo lo abordaré con profundidad.

Aportaciones a lo largo de la Historia

De hecho, la inteligencia es el factor psicológico, la variable general que se relaciona directamente con la superdotación y el talento. Por eso desde los diferentes campos de la psicología se han hecho diferentes aportaciones en este sentido. En cuanto a las teorías que explican el origen e identificación de la superdotación, existe una gran diversidad de modelos explicativos; habitualmente se clasifican en cuatro categorías dividiéndolas

La inteligencia. ¿Y dónde se esconden «las otras» inteligencias?

según sea el objeto de estudio. Así, nos encontramos con la agrupación de teorías basadas en *las capacidades* o facultades internas de la persona —donde incluiríamos a autores como L.M. Terman, Marland, C.W.Taylor, H. Gardner, J. Cohn—; las teorías basadas en *el rendimiento* —Renzulli, Mönks, Dahme, Feldhusen, F. Gagné—; las teorías que se basan en *los aspectos cognitivos* —Sternberg y Davidson, Campine i Brown (distinguen dos niveles jerárquicos, el primero registra el *imput* sensorial y responde y el segundo, de orden superior, lo ejecuta), Rüpell (explica la elaboración de la información en los superdotados, y los define como los alumnos que son capaces, mediante un potencial específico, de producir descubrimientos, inventar respuestas y solucionar creativamente problemas en los campos de la ciencia, la tecnología y el arte)—; y las teorías que se basan en los *aspectos socioculturales* —Tannenbaum (considera que la superdotación requiere cinco factores: capacidad general, capacidades especiales, motivación, influencias ambientales y factor suerte; para él la creatividad sólo puede darse en adultos, en los niños simplemente puede ser observado el potencial de creatividad, no en forma de rendimientos concretos), Csikszentmihalyi y Robinson (para ellos, la superdotación es un constructo inestable en el que deben darse cuatro factores: desarrollo psicosocial, desarrollo cognitivo, desarrollo de la creatividad y dominio de las exigencias sociales. Consideran que el talento sólo puede ser observable en el contexto de unas expectativas específicas culturales bien determinadas)—. (Según la selección de Genovard, 1998: 25-38).

Ahora bien, en este apartado, además de incluir a algunos de los autores que se agruparían bajo estas cuatro categorías, haré un recorrido a lo largo de la historia que incluye a los autores referentes para la psicología de la educación y sus postulados sobre el concepto de la inteligencia.

Hasta los años 1960-70 dominó la *perspectiva diferencial y psicométrica* para caracterizar el constructo inteligencia, centrada en el estudio de las diferencias individuales en y en el uso de medidas psicométricas para medir estas diferencias individuales, que dieron lugar a los test psicométricos comentados anteriormente. Esta visión posibilitaba teorías más unitarias, que observaban la inteligencia humana como una sola variable, como única capacidad intrínseca del ser. El origen de estas teorías está en los trabajos de construcción de test; como se ha comentado, **Alfred Binet** fue el pionero en la elaboración de un instrumento para medir la inteligencia; el Ministerio francés es quien encarga esta escala métrica de la inteligencia (Binet y Simon, 1905). El fin es determinar cuáles son los alumnos con retraso que no pueden seguir la enseñanza escolar, introduciendo el concepto de Edad Mental (EM). **William Stern** (1871-1938), psicólogo alemán, introduce el concepto de cociente intelectual (CI) en 1912 como índice de medida de la inteligencia (resulta de la fórmula de edad mental/edad cronológica x 100). **Lewis Terman** (1877-1956), pedagogo estadounidense, revisa y aplica en Estados Unidos por primera vez la escala de inteligencia *Stanford-Binet*. Se considera pionero en este campo, siendo su investigación longitudinal una de las más completas. Este autor mantiene en 1925 la consideración monolítica de la persona superdotada; desde la Universidad de Stanford, en California realiza un trabajo con una muestra de 1.500 alumnos, basándose en la escala de inteligencia Stanford-Binet, que considera un CI de 130 o más como superdotado. La teoría de este autor pretende explicar la superdotación según las capacidades internas de las personas en términos de inteligencia, al considerar que el CI (o IQ) es estable a lo largo de los períodos evolutivos, ya que es determinada por el código genético. Las consecuencias de la teoría evolutiva de Terman han sido más profundas de lo que podría parecer, influyendo en las opiniones de la política educativa todavía hoy en día de ciertos sectores conservadores en los Estados Unidos: los más dotados están destinados a ocupar los lugares de responsabilidad en una sociedad en la que los méritos son rasgo social por excelencia (Genovard, 1998: 19). **Louis Leon Thurstone**, psicólogo estadounidense, crea la escala Thurstone para la medición de actitudes, y gracias a sus aportaciones en el desarrollo de técnicas de análisis factorial se mejoró el test de inteligencia en 1938, a partir de identificar siete factores que denominó como aptitudes primarias: fluidez verbal, comprensión verbal, velocidad perceptiva, aptitud espacial, aptitud numérica, razonamiento inductivo y memoria. Esta forma de entender la inteligencia de modo multifactorial permitió que más adelante se crearan baterías aptitudinales para medir las diferentes aptitudes que conforman la inteligencia. Más recientemente, los estudios de **Raymond Cattell** (1905-1998), **Hans Eysenck** (1916-1997) o **Arthur Jensen** (1923-2012) apuestan por modelos que valoran las aptitudes intelectuales de forma jerárquica, ofreciendo test para medir la inteligencia a través de las aptitudes intelectuales específicas del sujeto.

Ahora bien, esta perspectiva diferencial y psicométrica de la inteligencia, aparte de etiquetar, no ofrece ninguna otra explicación sobre cómo funciona la inteligencia, o de los procesos cognitivos que están implicados en una conducta inteligente, o qué factores influyen en el uso de la inteligencia. Como apuntan Coll y Onrubia (2002: 194), estas limitaciones resultan cruciales desde un punto de vista educativo y explican la creciente insatisfacción con respecto a los test tradicionales de inteligencia que, en las últimas décadas, se ha ido extendiendo tanto entre los especialistas y profesionales de la educación como, en un sentido general, en el conjunto de la sociedad. Además, las finalidades esenciales predictivas, clasificatorias y selectivas de los test difícilmente encajan con las aspiraciones sociales y educativas a favor de la igualdad de oportunidades y la prevención y compensación de desigualdades sociales que actualmente se asumen como principios y objetivos básicos de la educación escolar.

A partir de los años 1970 surgieron otras teorías sobre la inteligencia, entre las cuales destacaré las que han tratado la superdotación o talento, con una orientación más amplia, centrándose en el estudio de los diferentes procesos implicados en la resolución de los problemas, por lo tanto, teniendo en cuenta diferentes capacidades implicadas en el comportamiento inteligente, lo cual ha dado lugar a teorías que contemplan la inteligencia no como una capacidad única. Pasamos de una concepción estática de la inteligencia a una concepción dinámica, que incluye la influencia del contexto, de la sociedad y de la cultura y que por lo tanto nos aporta luz en la oportunidad que se ofrece a la enseñanza para mejorar las capacidades intelectuales y el aprendizaje de las personas.

Antes cabe mencionar a **Jean Piaget** (1896-1980), que se enmarca dentro de la *psicología genética*[1] y para quien la inteligencia es una forma especial de actividad biológica. Es un proceso de adaptación y organización. La adaptación es una *equilibración* en la interacción del organismo con su ambiente. La adaptación comprende dos procesos que son la asimilación y la acomodación; la asimilación es la incorporación del ambiente a las pautas actuales de la conducta; la acomodación es el cambio en las estructuras intelectuales que son necesarias para que el individuo se ajuste a las exigencias del ambiente (Ausubel y Sullivan, 1970). El proceso se realiza por continuas asimilaciones-acomodaciones. Piaget estudió el desarrollo en etapas o estadios, los cuales implican cambios cualitativos observables en la conducta, y se caracterizan por una estructura de conjunto que explica las diferentes conductas. Cada una de las estructuras resulta de la precedente, prepara la siguiente y por tanto tiene un carácter integrativo. Cada estadio tiene un nivel de preparación y uno de completamiento; en la sucesión de los esta-

---

1. Dentro de la psicología genética englobamos también a Henri Wallon (1879-1962), el cual parte de que la maduración psíquica es un proceso de interrelación entre el organismo y el medio.

dios hay que distinguir los procesos de formación o de génesis y las formas de equilibrio finales. La noción de desnivel significa la repetición de un mismo proceso formado en edades diferentes y las hay horizontales y verticales; el desnivel horizontal se da cuando una misma operación se aplica a contenidos diferentes; el desnivel vertical es la reconstrucción de una estructura por medio de otras operaciones. Piaget distingue tres grandes períodos que subdivide en tres estadios y subestadios:

- *Período de la inteligencia sensorio-motriz* (desde el nacimiento hasta final de los 2 años). Lo subdivide en seis estadios: ejercicios reflejos, primeros hábitos, coordinación de la visión y la prensión, coordinación de los esquemas de acción por reacción circular «terciaria» y comienzo de la interiorización de los esquemas. Es decir, va del acto reflejo a una actuación práctica intencional, a partir de la adquisición del objeto permanente. Esto le permitirá empezar a utilizar símbolos y el lenguaje para referirse a los objetos que han desaparecido de su vista pero que «sabe» que existen.

- *Período de preparación y organización de las operaciones concretas* de clases, relaciones y número, que subdivide en dos subperíodos: el de las representaciones preoperatorias (2-7 años) y el de las operaciones concretas (7-11 años). El primero tiene tres estadios: aparición de la función simbólica y comienzo de la interiorización de los esquemas de acción en representaciones; organizaciones representativas fundadas en configuraciones estáticas y en la asimilación de la propia acción; regulaciones representativas articuladas. Es un período preparatorio llamado intuitivo donde, gracias al lenguaje, al dibujo, al juego simbólico, se desarrolla la capacidad del niño para utilizar símbolos que representen la realidad. Su pensamiento es durante estos estadios animista y realista, siendo intuitivo y prelógico. El segundo subperíodo, el de las operaciones concretas, se caracteriza por la adquisición de la capacidad de realizar operaciones mentales, como clasificaciones, seriaciones, correspondencias, conservaciones, y se subdivide en dos estadios: operaciones simples y completamiento de sistemas de conjunto en el espacio y el tiempo. Las operaciones mentales son las acciones interiorizadas y reversibles integradas en un sistema de conjunto. Sólo consigue adquirir la realización de las operaciones mentales cuando es capaz de reversibilidad en su pensamiento. El desarrollo intelectual se caracteriza por una progresiva reversibilidad que se manifiesta en la inversión y la reciprocidad.

▶ *Período de las operaciones formales* (a partir de los 11 años), dividido en dos estadios. Aparecen operaciones combinatorias, la capacidad de razonar sobre enunciados e hipótesis. La inversión y la reciprocidad son dos procesos que en este período se interrelacionan. El pensamiento del adolescente se convierte en hipotético-deductivo y en proposicional, es decir, plantea hipótesis, razona sobre ellas y las comprueba, y ello lo hace sobre hechos que son reales, pero también sobre otros que son posibles.

Más tarde Piaget aportó unas puntualizaciones al respecto de la adquisición de las operaciones formales, matizando que el medio social y la experiencia deben permitir al sujeto una construcción de tipo formal, y afirmando que se puede llegar a las operaciones formales en distintos terrenos y a distintas edades, dependiendo de las aptitudes y de las prácticas de la persona (Piaget, 1970).

Para explicar el desarrollo de una etapa a otra, Piaget se apoya en la maduración biológica, la interacción social, la experiencia física sobre los objetos y el equilibrio entre asimilación y acomodación, desde un método clínico en sus trabajos. Su obra fue conocida en Rusia y Estados Unidos, donde incidió enormemente en el desarrollo de la psicología cognitiva a partir de sus relaciones con Bruner. La teoría de Piaget ha tenido gran importancia desde la psicología de la educación y aún ahora es seguida por algunos profesionales de la educación y la pedagogía. La teoría de Piaget y también la de Sternberg, que son teorías evolutivas de orientación cognitiva, han contribuido a considerar la superdotación desde la perspectiva de los procesos mentales y de las habilidades relacionas con éstos. La aportación de Piaget se basa en considerar que en los procesos de aprendizaje es más interesante el proceso de construcción de las respuestas que los resultados que se puedan derivar de los procesos. La base de la epistemología genética en este sentido evidenciaría en los alumnos superdotados la importancia de los procesos de análisis y de identificación de los procesos de la información en los diferentes momentos evolutivos (el preoperatorio, el operativo, el formal y el de asimilación) para evaluar, de manera acumulativa y mediante la estructuración diferenciada el valor y la riqueza del pensamiento (Genovard, 1998).

En 1972, la United States Office of Education (USOE),[2] y a partir de una visión multifactorialista, se dio una definición a la superdotación, recogida en el **Acta de Marland** (1972). En este informe se recoge la definición y las áreas de superdotación o talento. Respecto a la definición, «los alumnos superdotados y con talento son aquellos que, gracias al hecho de poseer capacidades prominentes e *identificadas por personas profesionalmente cualificadas*, son capaces de un rendimiento muy alto. Estos alumnos *requieren programas y servicios educativos diferenciados*, más allá de los que se proporcionan habitualmente por los programas escolares, con el objetivo de realizarse a sí mismos y de promover la contribución a la sociedad» (Genovard, 1998: 26). Se proponen también diferentes áreas donde incluir a los

---

2. Oficina Estatal de los Estados Unidos para la Educación.

niños que poseen un potencial de habilidad mayor que el resto: capacidad intelectual general; aptitudes académicas específicas; pensamiento creativo o productivo; artes de la visión o de la representación dramática; capacidad psicomotriz; capacidad para el liderazgo. Esta definición de la USOE significó dar un paso adelante, avanzando tanto a nivel teórico como educativo incluyendo distintos talentos, además de relativizar el concepto que hasta este momento había, un concepto unidimensional de la superdotación centrada únicamente en los valores que se extraían del CI. Además, pone el énfasis en un adecuado diagnóstico por profesionales altamente especializados. Otro gran avance fue el de poner el énfasis en la necesidad de crear programas y servicios educativos diferentes a los proporcionados por el sistema escolar ordinario, para mejorar el desarrollo de los niños y para contribuir en el progreso de la sociedad. En 1978, **W. Taylor** considera que el alumno que manifiesta talento en una actividad concreta se puede considerar excepcional. Más tarde, **J. Cohn** define un modelo jerárquico de la excepcionalidad en el que se incluyen los diferentes tipos de talentos. **H. Gardner** (1983) considera que las personas poseen muchas capacidades, él las llama inteligencias, independientes entre sí y muy difíciles de analizar a partir de los test psicométricos. Su teoría es de inspiración jerárquica, aunque su concreción se acerca más a modelos factoriales. El esquema básico que propone es parecido al que postuló Cattell, al concretar por dominios de inteligencia; así pues, resulta muy útil en el campo de los talentos, aunque los plantea como concreciones de una misma base intelectual, por lo tanto, es un abordaje que se aleja de la noción de generalidad de la inteligencia y consecuentemente del concepto de superdotación (Genovard, 1998). Sobre su teoría profundizaré en el siguiente apartado.

Respecto a las teorías basadas en el rendimiento (las cuales inciden en la necesidad de potenciar el rendimiento, en cómo se alcanza el alto rendimiento y en la importancia del diagnóstico), la más conocida y difundida es la teoría de **Joseph S. Renzulli** (1986), según la cual defiende que hay tres rasgos básicos que definen una persona superdotada:

▶ *Inteligencia alta*, siendo su CI (o factor *g*) superior a la considerada como media.

▶ *Alto nivel de creatividad*, incluyendo rasgos de personalidad, aquellos alumnos que presentan ideas nuevas y originales, alto nivel de inventiva; es una concepción totalmente dinámica.

▶ *Compromiso e implicación con la tarea y alta motivación* (*task commitment*). Este factor motivacional hace referencia a la disposición activa de la persona, a la curiosidad hacia diversos temas y a la perseverancia entre otras.

Renzulli (1986) diferencia dos tipos de superdotados, según las características de su inteligencia, el primero lo relaciona con las capacidades académicas —*schoolhouse figtedness*—, y el segundo, más orientado a los problemas reales —*creative-productive giftedness*—, que según el autor representan mejor al superdotado; comenta: «La historia no recuerda a las personas que únicamente tuvieron puntuaciones altas en CI o que aprendieron bien sus lecciones» (Renzulli, 1986: 59).

Esta teoría inicial, multifactorial, conocida como la Teoría de los tres anillos, o Modelo de la puerta giratoria, fue modificada en los últimos años por el propio autor, considerando dos tipos de área:

▶ *Las áreas de ejecución general* (*performance*), incluyendo las matemáticas, la filosofía, la religión, las ciencias de la vida, las artes visuales, las ciencias sociales, las leyes, la música y las artes del movimiento.

▶ *Las áreas de ejecución específica*, que son todas aquellas en las que un sujeto puede destacar; por ejemplo, la danza, el tenis, el diseño, la astronomía...

Más tarde, **Franz J. Mönks** modifica el concepto de excepcionalidad de Renzulli teniendo además en cuenta los aspectos evolutivos y los aspectos de influencia, tales como la familia, la escuela y los compañeros. También es importante destacar la profundización que hizo en los aspectos emocionales, al establecer cinco variables de carácter emocional: autoconcepto en general, situación social dentro del grupo, autoconcepto escolar, estilo de aprendizaje y motivación. Por su parte, **G. Dahme** matiza la teoría de Renzulli e incluye la variable motivación. **John F. Feldhusen** introduce factores emocionales y realiza estudios en los que demuestra que la autoestima y el autoconcepto y la motivación son fundamentales. **F. Gagné** introduce cambios terminológicos entre superdotación y talento, y además aporta un modelo de interacción que combina dotación y rendimiento, inteligencia y creatividad.

Desde la perspectiva del *procesamiento de la información*,[3] se intenta identificar y comprender los procesos cognitivos de selección, organización y procesamiento de la información implicados en el comportamiento inteligente, desarrollando modelos detallados del funcionamiento intelectual ante determinadas tareas (Coll y Onrubia, 2002: 195). El procesamiento de la información tiene una relación directa con la teoría piagetiana. Pretende proporcionar una explicación de las operaciones que la persona realiza en la resolución de problemas. Se han dado diferentes líneas a partir del procesamiento de la información, como

---

3. Esta perspectiva se suele englobar dentro de la psicología cognitiva, corriente que ha permitido profundizar en los aspectos cognitivos básicos. El enfoque cognitivo se propone estudiar al sujeto como constructor activo de su propio conocimiento. Estudia el aprendizaje, la percepción, la memoria, el

el estudio de los temas de psicología cognitiva, la memoria y las imágenes mentales; las modificaciones a la teoría de Piaget, así como el desarrollo de estrategias y procesos cognitivos. En primer lugar, *la memoria* es la que permite la actividad procesadora del individual al almacenar tanto las representaciones de la información como las operaciones previstas para organizarla. Hay tres tipos de memoria: la sensorial (icónica y ecoica), la memoria a corto plazo y la memoria largo plazo. Actualmente, algunos autores afirman que existe la memoria emocional (LaBar y Cabeza, 2006). Parece que la posibilidad de recuerdo de una información depende del tipo de operaciones de codificación que el sujeto ha realizado. Se recuerda menos la codificación de características sensoriales que las de propiedades semánticas. El niño, con la edad, utiliza cada vez más el valor semántico. En segundo lugar, las *representaciones mentales* han tenido también gran importancia en la psicología cognitiva. Dentro de ellas, podemos considerar las imágenes mentales, los mapas cognitivos y los guiones cognitivos. **Bruner** habla de tres tipos de representaciones, las enactivas —conocimiento de lo que le rodea al niño gracias a las acciones que realiza—, las icónicas —el niño actúa con imágenes independientes de la acción— y las simbólicas —el lenguaje es el tercer sistema de representación, por tanto, plantea el papel del lenguaje en el desarrollo cognitivo—. Considera que hay tres sistemas de procesamiento de la información, mediante los cuales los seres humanos construyen modelos de la realidad: la acción, las imágenes mentales y el lenguaje (Bruner, 1988). Tiene importancia el estudio de los *mapas cognitivos* como forma de representación multimodal que requiere representaciones imaginativas de espacios. Es la forma como los niños y adultos representan el ambiente

---

razonamiento, la resolución de problemas, etc. Estudia al sujeto humano como un procesador activo de la información que le rodea.

conocido y cómo se orientan en él (Hart, 1979). Los *guiones cognitivos* son la forma como se organiza el conocimiento, a partir de experiencias personales, creando unidades representacionales que sirven para planificar la conducta. Son los bloques organizados de información de una determinada situación, como unidad representacional compleja, por ejemplo, ir a la escuela (Rodrigo, 1983).

Más adelante, **Sternberg** «utiliza modelos procesuales (1980, 1982) para evaluar la inteligencia a partir del análisis competencial, e identifica cinco tipos de componentes de acuerdo con su función en la realización de las tareas: metacomponentes, componentes de ejecución, componentes de adquisición, componentes de retención y componentes de transferencia; los distintos componentes deben actuar de manera coordinada para la realización de una tarea determinada» (Coll y Onrubia, 2002: 196). Este planteamiento supuso un avance sobre cómo comprender la inteligencia, y algunos de estos autores consideraron la necesidad de proponer la relación que hay entre los contextos de desarrollo del mundo real en relación a la capacidad para seleccionar, organizar y adaptarse al entorno. Por supuesto, estos modelos del procesamiento de la información tuvieron implicaciones a nivel metodológico en el campo psicoeducativo.

Así, Sternberg (1985) dedicó grandes esfuerzos por integrar las teorías clásicas y las actuales, fue más allá de los posicionamientos psicométricos y de los del procesamiento de la información en cuanto a la manera de entender la inteligencia, ofreciendo la posibilidad de abordar la diversidad de capacidades implicadas. Propone la *teoría triárquica de la inteligencia*, teoría jerárquica e interactiva, la cual incluye tres aspectos esenciales para comprender la inteligencia: el mundo externo de la persona, el interno y la experiencia, que media entre el mundo externo e interno de la persona. Aspectos que apuntan a incluir la propia personalidad y la motivación recibida. Esto, aplicado al ámbito de la superdotación, ofreció una mirada muy diferente de la propuesta hasta el momento, después de Marland, Renzulli y otros. El autor describe la superdotación a partir de este modelo triárquico, afirmando que los alumnos superdotados combinan de forma magistral los procesos de la *inteligencia analítica* —explican los mecanismos internos de la persona que conducen a actuaciones inteligentes, responde a las operaciones lógicas, planificadas y vinculadas al aprendizaje escolar, y está muy cerca de los test de CI o factor g—, *sintética o creativa* —capacidad para enfrentarse a situaciones nuevas o *insight*— y *práctica o aplicada* —eficacia para adaptarse, seleccionar y configurar el ambiente, con una aplicación directa a la vida diaria—. El test triádico de habilidades que desarrolló sustituyó los instrumentos de medida, entre los cuales el más conocido es Terman. Ahora bien, sus estudios orientados hacia la excepcionalidad han sido desarrollados junto a Janet E. Davidson. Para Sternberg y Davidson (1986, 2005), la superdotación se define como un conglomerado de habilidades de intuición —*insight skills*— básicas para la solución de problemas. Estas habilidades de intuición incluyen la codificación selectiva de la información, la combinación selectiva de la información y la comparación selectiva de la información. Además, estas habilidades de intuición sirven para el aprendizaje en todos los campos científicos, así como para la planificación, el control y la toma de decisiones en las tareas de ejecución. Más adelante, Sternberg y Lubart (1991) proponen una teoría sobre la creatividad y su desarrollo, teoría que comprende seis recursos para la creatividad: procesos intelectuales, conocimientos, estilos intelectuales, personalidad, motivación y contexto ambiental. Según ellos, el comportamiento creativo resulta de la confluencia de estos seis elementos, los seis son indispensables y deben interaccionar entre sí.

Por su parte, **Flavell** nos aporta la idea de la metacognición, relacionada con la inteligencia, que se refiere al conocimiento sobre la actividad cognitiva, a la capacidad de reflexionar sobre nuestro pensamiento y planificarlo, evaluarlo o reelaborarlo, permitiéndonos realizar un mejor aprendizaje. Aunque claro, con las pruebas psicométricas no fue posible analizar este proceso de la metacognición tal como lo plantea inicialmente el autor (Flavell, 1979).

No obstante, no todos los mecanismos del desarrollo cognitivo son intrínsecos de la persona; el contexto, el medio donde vive y crece un individuo influye en este desarrollo, y eso es a lo que apunta la *teoría sociocultural del desarrollo y del aprendizaje*.

Se avanzó enormemente a partir de la teoría piagetiana en el desarrollo cognitivo, aunque se siguió avanzando más con autores como L.S. **Vygotsky** (1986-1934),[4] que pone el énfasis en la importancia de las relaciones entre la conducta humana y el medio, además de la importancia de la naturaleza. Para Vigotsky, el escenario donde se construye el conocimiento es el escenario educativo, compuesto por adultos, niños, actividades, espacios, objetos, tiempos, que coparticipan con el niño e inciden de una u otra manera en su proceso de aprendizaje de contenidos significativos para él. Vygotsky crea una teoría que es instrumental, histórica y cultural, y según la cual los procesos superiores de la conducta tienen carácter mediacional, utilizando los estímulos del medio y los de la propia historia personal del individuo. El desarrollo del hombre depende del medio sociocultural-histórico en que se halla inmerso. Vygotsky se preocupa, asimismo, por la incidencia de la interacción social en el *desarrollo ontogenético*. Opina que las funciones psicológicas superiores se desarrollan en la relación del niño con los demás y luego se interiorizan, se reconstru-

---

4. Dentro de las concepciones histórico-culturales, la psicología evolutiva soviética se corresponde con una escuela de investigación, pero al mismo tiempo con una línea política y social.

yen internamente. Los procesos superiores de la conducta tienen carácter mediacional, utilizan los estímulos del medio y los de la propia historia personal del individuo; el desarrollo de éste depende del medio sociocultural-histórico donde vive o se desarrolla. Para explicar esta teoría, Vygostky responde con la teoría de la *Zona de desarrollo próximo* (ZDP), que es la distancia que hay entre lo que el niño sabe hacer y lo que puede llegar a hacer gracias a la mediación de otros seres humanos, los cuales le facilitan los estímulos y los recursos adecuados. Desarrollo y aprendizaje se interrelacionan constantemente, no se pueden disociar. Para él, «el proceso evolutivo va a remolque del proceso de aprendizaje. Lo que crea la zona de desarrollo próximo es un rasgo esencial de aprendizaje, es decir, el aprendizaje despierta una serie de procesos evolutivos internos capaces de operar sólo cuando el niño está en interacción con las personas de su entorno y en cooperación con algún semejante» (Vygotsky, 1979: 138-139).

Para la *psicología soviética* —donde enmarcamos a Vygostsky, Luria y Leontiev, y a otros autores como Pávlov (defensor del conductismo, conocido por sus estudios del comportamiento reflejo)—, el origen de la psique debe buscarse en las condiciones de vida, en el medio, que incide sobre el sistema nervioso del niño y le suscita formas complejas de relación con el mundo. La psique es una propiedad de la materia, altamente organizada, que surge de la influencia del mundo exterior sobre el cerebro y se expresa en los diversos procesos cognitivos. Su fundamento se halla en la actividad refleja del cerebro. El desarrollo de la conciencia es consecuencia del reflejo activo por parte del niño de la realidad que lo rodea. Inciden en él las condiciones materiales de vida, las personas, sus opiniones y acciones. El niño va ejerciendo al mismo tiempo una influencia activa sobre la realidad que lo rodea y sobre sí mismo. A.A. Liublinskaia estudia el desarrollo infantil y el proceso de educación infantil. Esta autora señala que la psicología infantil estudia las leyes del desarrollo psíquico del niño, y dado que éste tiene lugar durante el proceso de su educación, considera que la psicología infantil es parte integrante de la pedagogía y ambas tienen interacciones. Opina que, sin conocer el sistema de la influencia pedagógica, es imposible descubrir las leyes que rigen el proceso de desarrollo del niño y que, al mismo tiempo, sin conocer las leyes generales del desarrollo psíquico y físico de los niños, la pedagogía pierde su base teórica (Liublinskaia, 1971). Así pues, el conocimiento de las leyes del desarrollo psíquico de los niños proporciona a los profesionales de la educación y de la psicología la posibilidad de construir el sistema de enseñanza, educación y diagnóstico sobre bases científicas.

Como vemos, estos autores han aportado interesantes contribuciones al estudio del campo de los procesos cognitivos, de la actividad nerviosa superior, de la relación entre desarrollo y aprendizaje o del lenguaje, entre otras. Según Siguán, el núcleo central del pensamiento de Vygotsky son sus ideas sobre el lenguaje, donde intenta explicar el desarrollo humano teniendo en cuenta a la vez la base fisiológica y la inserción social, «no como una mera superposición de dos realidades y de dos explicaciones, sino como una síntesis de la que surge la naturaleza del hombre consciente e intencional» (Siguán, 1984: 253). Vygotsky entiende el lenguaje como función comunicativa y social, siendo al principio la palabra, un sustituto del gesto, y estando su origen en el contacto comunicativo con los demás y en la actividad práctica del niño sobre aquello que lo rodea. El lenguaje egocéntrico facilita al niño la resolución de problemas y es un instrumento del pensamiento. El lenguaje influye extraordinariamente en los procesos cognitivos, y describe tres etapas en el proceso de autorregulación superior por parte del lenguaje: en una primera etapa, el lenguaje sirve de impulsor de la conducta y la acción es todavía predominante; en una segunda etapa, tiene una función inhibidora y así, ante una orden verbal del adulto, el niño puede proceder a inhibir su acción; en una tercera etapa el niño se autorregula la conducta con su propio lenguaje interno. En este sentido, una de las diferencias entre Piaget y Vygostky —entre otras muchas—, es el papel del lenguaje en el desarrollo cognitivo del niño. Inicialmente Piaget fue conocido por sus primeros libros que abordaban el habla del niño, pero en las obras de su madurez, evitó el problema del lenguaje y sus seguidores se dividieron entre lo que se centraban en el desarrollo verbal y los que pensaban que la lectura o el lenguaje no era esencial para el desarrollo cognitivo; para Vygotsky, como se ha visto, el lenguaje en sus distintas formas constituye el tema esencial del desarrollo cognitivo. «Desde la perspectiva de Piaget (1959), el habla egocéntrica no es más que un simple acompañamiento verbal del pensamiento egocéntrico del niño, que es insensible a las contradicciones y no tiene en cuenta los puntos de vista ajenos. El destino del habla egocéntrica del niño es desaparecer, siendo reemplazada por el habla socializada, adaptada a las expectativas del oyente. Vygotsky (1986) se opuso a esta postura argumentando que, si bien el habla privada parece inmadura cuando se compara con el habla comunicadora del mismo niño, es cognitivamente superior a ella. Mediante una serie de experimentos sencillos pero ingeniosos, Vygotsky pudo demostrar que, en lugar de ser una mera acompañante del pensamiento inmaduro, el habla privada es la precursora del habla interior silenciosa que tan importante es como instrumento de razonamiento del niño. Cuando el niño se enfrenta a una tarea difícil, su habla privada aumenta considerablemente en forma de expresiones que ayudan a resolver el problema» (Kozulin, 2000: 59-60).

Vygotsky valora mucho los fundamentos sociales del conocimiento y la importancia de la enseñanza y la instrucción en el desarrollo. Según él, el desarrollo tiene lugar en el proceso de interacción social; la enseñanza crea nuevas formas mentales y es la fuerza desencadenante del desarrollo. Influyó mucho a Bruner, quien introdujo a Vygotsky en Occidente. Así, surgieron estudios sobre la ZDP (Kaye, 1986; Wertsch, 1985), sobre las interacciones adulto-niño y niños entre sí en los aprendizajes (Forman y Cazde, 1984; Wertsch, 1985, y Rogoff, 1990), y también sobre la incidencia de los factores sociales en el desarrollo (García Madruga, 1976; Baudichon, 1975; Caron-Pargue, 1977), entre otros muchos. Por ejemplo, para Kaye (1986), la génesis de las funciones cognitivas y afectivas se basa en la relación que se establece desde el nacimiento entre el bebé y los adultos que lo cuidan, estableciéndose entre ellos una intersubjetividad, un significado compartido. La interacción niño-adulto se va haciendo por turnos, con más intervenciones por parte del adulto, pero progresivamente el niño va tomando la iniciativa, va imitando, va captando pautas y modelos. Estos campos de estudios son muy importantes para la educación.

Por su parte, **Bruner** (1981) habla de la necesidad de ofrecer ayudas por parte del grupo y plantea la importancia de la función tutorial que un compañero más capaz o un adulto dirija a un «aprendiz». «La bastida» se refiere a las ayudas que la persona o el grupo más capaz proporciona al niño para acompañar su aprendizaje. Esta ayuda es necesario que se adapte al nivel de competencias del aprendiz, el cual irá adquiriendo más capacidades y competencias. A medida que el aprendiz vaya adquiriendo conocimientos, el adulto o el compañero con más capacidad irá transfiriendo responsabilidades al aprendiz para no hacerlo dependiente, el cual irá adquiriendo cada vez mayor responsabilidad y autonomía en la resolución de las tareas. Esta teoría ha sido la base de la configuración de *grupos cooperativos* en las aulas de primaria y secundaria —alumnos que tienen diferentes competencias y se agrupan para realizar tareas escolares— como un recurso para abordar la diversidad escolar. En este sentido, se defiende *la agrupación de niños por competencias y también por edades heterogéneas.*

Pensemos en la importancia que este posicionamiento tiene para abordar las tareas de los niñ@s de altas capacidades en las aulas escolares, y también para el resto, para atender la diversidad. ¿Realmente se está haciendo? ¡Pensemos que es una propuesta investigada de forma muy sólida que proviene de los años 1980 y 1990! A Bruner se le enmarca dentro de la *psicología cultural y constructivista*.[5] Señala que «la participación del hombre en la cultura y la realización de sus potencialidades mentales a través de la cultura hacen que sea imposible construir la psicología humana sólo en el individuo [...] En virtud de nuestra participación en la cultura, el significado se hace público y compartido. Nuestra forma de vida, adaptada culturalmente, depende de significados y conceptos compartidos y depende también de formas de discurso compartidas que sirven para negociar las diferencias de significado e interpretación». (Bruner, 1991: 28-29). El significado une la mente y la cultura. La construcción del significado tiene una clara conformación cultural y juega un papel importante en la acción humana. Para Bruner, el niño, desde los primeros meses de vida, tiene ya una capacidad básica de intersubjetividad que le permite el reconocimiento y el control de las intenciones cooperativas. Esta capacidad de intersubjetividad le facilita al niño la entrada en el mundo de la cultura de su entorno más inmediato. El autor nos explica cómo la educación se convierte así en la puerta de la cultura, y ello en todo tipo de entornos culturales. Nos habla de la psicología popular como instrumento de la cultura, en la interacción ordinaria, cotidiana, y de la pedagogía popular como forma de intervención

---

5. La psicología cultural se preocupa esencialmente de la construcción del significado, del rol mediador de la cultura en la formación de la mente, y de las relaciones entre el cambio evolutivo y el cambio educativo. Y dentro de ésta estaría la **psicología constructivista** —donde situaremos a Brunner—, la cual se propone estudiar a la persona como constructor activo de su propio conocimiento. Esta disciplina ha permitido profundizar en los aspectos cognitivos básicos.

y ayuda a los niños en su aprendizaje cotidiano (Bruner, 1979). Así pues, desde esta perspectiva sociocultural y constructiva, se da una gran importancia a las prácticas educativas, que son las que va a permitir la entrada en la cultura, el desarrollo de la mente, la construcción de significados conjuntos.

Y **Rogoff** (1993),[6] por su parte, considera que el desarrollo cognitivo es gracias a un aprendizaje que niños y niñas adquieren ante la posibilidad de participar en actividades socialmente estructuradas junto con sus adultos de referencia. Estos avances —y los que todavía quedan por realizar por parte de investigadores actualmente— ofrecen la posibilidad de obtener herramientas para ofrecer estrategias psicosocioeducativas de calidad para todos los menores. B. Rogoff dice que el desarrollo cognitivo del niño es un aprendizaje que tiene lugar a través de la participación guiada. Nos plantea que «los procesos de participación guiada —que consisten en construir puentes entre lo que el niño sabe y la nueva información que ha de aprender, y también en estructurar y apoyar el esfuerzo del niño y transferirle la responsabilidad para lograr la resolución del problema— contribuyen a dirigir y organizar el desarrollo cognitivo del niño en culturas muy diversas (Rogoff, 1993: 23). Estos procesos se basan en la intersubjetividad, que implica al mismo tiempo *intercambios cognitivos, sociales y emocionales entre las personas*. El pensamiento, el sentimiento y la actuación deben verse de forma totalmente integrada. Mundo social y mundo individual son inseparables, no pudiendo entenderse el uno sin el otro. El desarrollo infantil comporta la apropiación de conocimientos, procedimientos, valores, opiniones, etc. del entorno cultural en que el niño se halla. El funcionamiento cognitivo está inmerso en las costumbres culturales del entorno. El niño

---

6. Esta autora ha realizado importantes aportaciones dentro de esta perspectiva sociocultural.

participa activamente en la adquisición de habilidades, y lo hace de forma conjunta con el otro, adulto o compañero que le aporta referentes, y que le guía, pudiendo hablar de una construcción conjunta de la actividad. El niño debe ir asumiendo progresivamente responsabilidades y el adulto o compañero debe ir cediendo esta responsabilidad. Los procesos de participación guiada deben posibilitar el paso de lo conocido a lo nuevo. ¿En las escuelas se suele hacer actualmente?, ¿se tienen en cuenta también la calidad en los intercambios emocionales?

La perspectiva ecológica, en la cual destaca a **Urie Brofenbrenner**, y a la que hemos hecho referencia en el capítulo anterior, es compatible con la psicología cultural, enmarcada dentro de los *enfoques naturalistas* que surgieron en los años 1930, a partir de las investigaciones de Konrad Lorenz en Alemania, y que tienen gran importancia en la psicología actual, precisamente por la metodología de observación en contextos naturales. Dentro del enfoque naturalista se incluye la *perspectiva etológica*[7] y la *perspectiva ecológica*.[8]

---

7. La etología estudia la conducta animal en su hábitat natural, no en el laboratorio. La etología humana estudia la conducta humana con criterios y métodos etológicos. Debe tenerse en cuenta la historia de adaptación. En el humano aparecen constancias en la conducta programada filogenéticamente y capacidades de aprendizaje específicas. Estas constancias son parte del programa de la especie y están relacionadas con su supervivencia, y no sólo durante los primeros meses de vida, sino durante toda su evolución. Las conductas programadas sólo se desarrollan en unas determinadas condiciones ambientales, a veces en momentos concretos, que son los períodos críticos óptimos. López (1983) señala que el grado de determinación biológica, la duración del periodo óptimo y la reversibilidad de las conductas establecidas dependerán del tipo de programación de las misma y de las relaciones con el ambiente.

8. El enfoque ecológico tiene su origen en la escuela de Kansas y plantea el estudio de la conducta humana en sus contextos naturales, así como también las relaciones entre la conducta y el entorno. Utiliza instrumentos metodológicos como el registro de muestras y el informe de escenarios de conduc-

La primera se ha relacionado con el psicoanálisis, a partir de los estudios sobre vinculación afectiva y apego de **Bowlby** (1968). Según este autor, la conducta de apego se manifiesta en la mayoría de especies animales, en las cuales los hijos expresan más un tipo de comportamiento que tiende a asegurar la proximidad con la madre. Por ejemplo, el lloro del hijo atrae a la madre —o al cuidador de referencia— y los movimientos locomotores del niño la llevan a su presencia. Este tipo de conductas tienen una misma consecuencia: la obtención de la proximidad deseada. (Bowlby, 1993: 207).

En el enfoque ecológico, Bronfenbrenner, con su teoría de los escenarios del desarrollo humano, ha dado mayor importancia al estudio de la actividad infantil en los contextos naturales de vida. «La ecología del desarrollo humano comprende el estudio científico de la progresiva acomodación mutua entre un ser humano activo, en desarrollo, y las propiedades cambiantes de los entornos inmediatos en los que vive la persona en desarrollo, en la medida en que este proceso se ve afectado por las relaciones que se establecen en estos entornos y por los contextos más amplios en que están incluidos los entornos» (Bronfenbrenner, 1987). Para este autor, el desarrollo «no se produce en el vacío, sino que siempre está incluido y se expresa a través de la conducta en un determinado contexto ambiental» (Bronfenbrenner, 1987: 46). Recordemos: el desarrollo humano es resultado de la interacción entre el organismo y el medio y se realiza en unos entornos de vida, con unas interacciones que sólo se comprenden si se conoce no sólo el entorno más inmediato, sino también los entornos más alejados y exteriores, que también influ-

---

tas. El primero consiste en recoger la descripción narrativa de un niño, en situación natural, no provocada. El segundo consiste en el inventario y descripción de todos los escenarios de conductas que se dan en una institución o en una comunidad.

yen. Este autor nos habla de cuatro niveles del ambiente biológico:

- *Microsistema*: «es un patrón de actividades, roles y relaciones interpersonales, que la persona en desarrollo experimenta en un entorno determinado, con características físicas y materiales particulares». Por ejemplo, el entorno más inmediato: familia, escuela, barrio.

- *Mesosistema*: «comprende las interrelaciones de dos o más entornos en los que la persona en desarrollo participa activamente», por ejemplo, la relación entre dos microsistemas: familia-escuela o gabinete o trabajo.

- *Exosistema*: «se refiere a uno o más entornos que no incluyen a la persona en desarrollo como participante activo, pero en los cuales se producen hechos que afectan a lo que ocurre en el entorno que comprende a la persona en desarrollo». Por ejemplo: para un niño que va a la escuela, el instituto al que asiste su hermano.

- *Macrosistema*: «se refiere a las correspondencias en forma y contenido, de los sistemas de menor orden, al nivel de la subcultura o cultura». Por ejemplo: las creencias, valores, actitudes que configuran la cultura. (Bronfenbrenner, 1987: 41-44-45).

Sus aportaciones permiten conocer mejor el desarrollo infantil dentro de su entorno, que no es sólo físico, sino de relaciones interpersonales, de influencias culturales, de valores, actitudes, opiniones, objetivos y metas, de influencias de entornos más alejados que inciden en el niño directa o indirectamente. El microsistema lleva a conocer la actividad de las personas que se hallan en él. Los niños realizan transiciones entre microsistemas y el estudio del desarrollo debe tener en cuenta estas transiciones. Este enfoque ha incidido considerablemente en el estudio del niñ@, convirtiendo en imprescindible el análisis conjunto del desarrollo del sujeto con las influencias que ejercen sobre él los distintos contextos con los que está relacionado. La influencia de estos factores en una respuesta psicosocioeducativa adecuada es fundamental en los alumnos de altas capacidades.

Castelló y Batlle (1998) y luego Castelló y Martínez (1999) proponen un modelo de identificación para diferenciar las formas en que se manifiestan las altas habilidades: superdotación, talento académico, talento artístico-figurativo, talento creativo, talento lógico, talento matemático, talento verbal, talento social, precocidad. En este modelo los autores dividen en dos grupos a los alumnos excepcionalmente dotados, por una parte, los superdotados, que son los alumnos dotados intelectualmente, y un segundo grupo que lo constituyen los alumnos talentosos, con rendimientos muy por encima de lo habitual en alguna área o áreas. El protocolo de identificación que crean Castelló y Batlle se extrae de dos instrumentos de medida ya elaborados previamente, la BADyG (Batería de aptitudes diferenciales y generales), creada por Yuste (1998) y el Test de Torrance sobre pensamiento creativo (TTCT, Torrance Test of Creative Thinking, 1974).

En los últimos años, José Antonio Marina (2006) habla de la inteligencia creadora, una teoría que integra los resultados de las ciencias cognitivas: la neurología, la inteligencia artificial, la psicolingüística, la psicología cognitiva y también la filosofía. El autor postula a favor de los factores emocionales implicados en su interacción con el sistema cognitivo. De hecho, la interacción entre cognición y emoción permite que la inteligencia humana adquiera una dimensión creadora por excelencia.

Por su parte, la emoción va de la mano de la motivación. En este sentido, Garrido (2000) propone el Modelo integrador en motivación y emoción, el cual permite la integración de diferentes modelos, teorías y constructos. Motivación y emoción son procesos unitarios, pero con un efecto diversificado en diferentes niveles de acción y de actividad que quedan sintetizados en los puntos que señala a continuación (Garrido, 2000: 243-244):

- A los diferentes niveles de la acción subyacen diferentes niveles de motivación y que los diferentes niveles de emoción están estrechamente vinculados con los niveles de actividad.

- La motivación puede adoptar una de las tres formas (primaria, secundaria o cognitiva), según el nivel de actividad que deba producirse en un momento determinado, para posibilitar un adecuado funcionamiento del organismo.

- La emoción es una forma de acción que integra tres niveles de actividad que se concentran en tres componentes que puede presentarse casi simultáneamente: experiencia, cambios neurofisiológicos y neuroendocrinos y expresión emocional.

- Las estructuras anatómicas que posibilitan los procesos de motivación y emoción son en gran medida coincidentes, sobre todo en el nivel fisiológico.

- La función de la motivación, en el nivel de actividad cognitiva, es suscitar procesos cognitivos que permitan el ajuste y la adaptación al sujeto. La función de la emoción en este nivel es que el sujeto sepa qué emoción está sintiendo, contribuyendo a la cualidad emocional. En la emoción, como ocurre con la actividad en general, el nivel cognitivo dota de significado al nivel físico. La experiencia emocional dota de significado a los cambios orgánicos y al comportamiento emocional.

- La función de la motivación y de la emoción en el nivel de actividad física es en gran medida coincidente. La motivación suscita conductas que hacen posible la relación-adaptación del sujeto al medio físico.

- La función de la motivación en el nivel de actividad social es suscitar conductas que posibiliten su adaptación y el ajuste al medio social.

Con este modelo, Garrido comenta: «El nuevo paradigma de la superdotación y la neurodidáctica posibilitan el final de la grave situación que caracteriza a la superdotación, al considerar relevante el hecho de que las personas superdotadas y con altas capacidades constituyen el mayor capital humano que tiene una sociedad».

De hecho, las cuestiones del apartado anterior y las que se han planteado a lo largo del tiempo sobre las definiciones de inteligencia, siguen hoy vigentes y crean controversia dentro del campo de la medicina, de la psicología, de la sociología y de la pedagogía. Pensarla desde la unicidad o desde la multiplicidad, desde un pensamiento que dominó hasta los años 1970 en que se veía a la inteligencia como una única capacidad, hasta hoy en día, en el siglo XXI, en que parece haber un consenso bastante amplio que considera la inteligencia como un amplio conjunto de capacidades. Desde autores como Binet, Simon, Stern, Thurstone, Eysenck, Jensen o Terman, que defendían y defienden posiciones más psicométricas, hasta llegar a Marland, Renzulli, Sternberg, Feuerstein, Vigotsky, Gardner, Castelló, Marina, Flavell, Ausubel o Rogoff, entre otros.

Para Piaget, inteligencia es la capacidad del individuo para adaptarse a nuevas situaciones, pone la mirada en la evolución de la persona según sus fases evolutivas y en el papel activo de ésta. Valorar factores de personalidad y aspectos motivacionales por autores como Sternberg o Feuerstein fue dar un paso adelante frente a las posturas biologicistas dominantes hasta el siglo XX. Tener en cuenta los factores contextuales y socioculturales como aspectos fundamentales para interpretar la inteligencia de la persona es esencial, como apuntan autores como Vygostky —que hace un gran hincapié en la importancia de la escuela como contexto de desarrollo intelectual—, Feuerstein, Sternberg, o Gardner, siendo además un factor importante la interacción entre la persona y el medioambiente, como postulan Bruner y Rogoff, ante posturas totalmente individualistas de los autores que apuestan por el CI como único elemento a tener en cuenta, desde una perspectiva diferencial y psicométrica, con autores como Goleman, que en 1996 hace referencia a la inteligencia emocional además de la racional, y otros como Sternberg, que habla de inteligencia práctica, aquella que está de acuerdo con la conducta inteligente en la vida cotidiana.

El reto hoy en día, tras los continuos cambios en la sociedad y en la educación, está en ofrecer la máxima calidad de enseñanza a todos los niñ@s, que tiene que ver con las relaciones entre estudiantes, enseñantes y contenidos de aprendizaje. Precisamente los estudios de Vygotsky y de las teorías neovigotskyanas consideran que «el proceso educativo contribuye de una manera esencial al desarrollo cognitivo del estudiante. Mediante unas actividades de aprendizaje diseñadas especialmente, el estudiante puede desarrollar una capacidad para aprender firme y, en última instancia, independiente. Dos de los principales elementos constitutivos de estas actividades de aprendizaje son los instrumentos psicológicos simbólicos y los procedimientos de aprendizaje en colaboración. Pero para que estos instrumentos y actividades tengan éxito, la intervención de un mediador humano es esencial [...] La psicología y la educación tienen ante sí la tarea de hacer realidad las aplicaciones potenciales de esta tería». (Kozulin, 2000: 188).

De hecho, estamos superando en la actualidad ese uso que se dio de forma excesiva al índice estático que es el CI para apresar una potencialidad que, dependiendo de la trayectoria de la vida de la persona, puede cristalizar o no en comportamientos de alto rendimiento. El nuevo paradigma introduce un doble salto cualitativo fundamental: en primer lugar, la ACI (alta capacidad intelectual) se presenta como una configuración neurobiológica multidimensional que puede tener una correspondencia con las puntuaciones obtenidas en test, aunque no necesariamente; justo al contrario de los planteamientos psicométricos tradicionales, los cuales asumían que la ACI la determinaba cierta puntuación en los test y ésta debía tener correspondencia con configuraciones neurológicas excepcionales. En segundo lugar, introduce la dimensión de desarrollo no lineal, es decir, que el nivel de desarrollo en una edad determinada no es buen predictor del desarrollo ulterior de esa persona, ya que la cristalización del potencial neurológico estará mediada por el efecto de múltiples interacciones con el entorno (Sastre-Riba y Castelló-Tarrida, 2017).

Todo ello ofrece la posibilidad de poner la mirada en los aprendizajes de los alumnos de altas capacidades —y no tanto en los CI que tienen o en considerar que estos niños no necesitan ningún apoyo—, pues al considerar que en función de la calidad de los aprendizajes que se ofrecen los individuos podrán desarrollarse de una manera más o menos óptima, desarrollando cada cual sus propios talentos, nos da luz para avanzar...

Avanzar hemos avanzado, pero todavía queda camino por recorrer, pues no parece haber por ejemplo un consenso sobre cuáles son las *capacidades diferentes* que hacen referencia a la inteligencia. Veamos a continuación la tesis de Gardner y las llamadas por él *inteligencias* múltiples.

Las inteligencias múltiples. ¿Todo es inteligencia? ¿Inteligencias o capacidades?

En 1983, Gardner publica su obra *Estructuras de la mente*, en la que recoge la teoría de las inteligencias múltiples, la cual supuso toda una revolución en un entorno donde prevalecía la medición del CI mediante test psicotécnicos. Entiende la inteligencia como potenciales, no como algo único, y significó una visión muy necesaria para definir el talento y la superdotación. Inicialmente propone la existencia de siete inteligencias, aunque consideró desde el inicio que se trataba de una lista provisional de inteligencias. En 2010 propone la octava, la inteligencia naturalista, y habla sobre la posibilidad de incluir una inteligencia espiritual, que ha tenido gran repercusión en algunos sectores actualmente, como a continuación comentaré, así como la inteligencia existencial —pero estas dos últimas no las incluye como novenas inteligencias, aunque considere que constituyen una capacidad intelectual distintiva del ser humano—. Veamos pues primero las siete inteligencias originales, según la distribución que propone el propio autor, y en segundo lugar las consideraciones respecto a las otras (Gardner, 2010: 61-63; 69-90):

Las dos primeras, las más valoradas por la escuela tradicional.

- **Inteligencia lingüística.** Supone una sensibilidad especial hacia el lenguaje hablado y escrito, la capacidad parar aprender idiomas y de emplear el lenguaje para lograr determinados objetivos. Entre las personas que tienen una gran inteligencia lingüística se encuentras abogados, oradores, escritores, poetas.

- **Inteligencia lógico-matemática.** Supone la capacidad de analizar problemas de una manera lógica, de llevar a cabo operaciones matemáticas y de realizar investigaciones de una manera científica. Matemáticos y científicos.

Las tres siguientes destacan en las bellas artes, aunque cada una de ellas se puede emplear de muchas maneras distintas.

- **Inteligencia musical.** Supone la capacidad de interpretar, componer y apreciar pautas musicales.

- **Inteligencia corporal-cinestésica.** Supone la capacidad de emplear partes del propio cuerpo (como la mano o la boca) o su totalidad para resolver problemas o crear productos. Los bailarines, los actores y los deportistas destacan, pero también se incluyen los artesanos, los cirujanos, los científicos de laboratorio, los mecánicos y otros profesionales de orientación técnica.

- **Inteligencia espacial.** Supone la capacidad de reconocer y manipular pautas en espacios grandes (navegantes, pilotos) y en espacios reducidos (escultores, cirujanos, jugadores de ajedrez, artistas gráficos, arquitectos).

Las dos últimas inteligencias de la lista original, a las que el autor llama inteligencias personales, son las que más sorpresa causaron al incluirlas.

- **Inteligencia interpersonal.** Supone la capacidad de una persona para entender las intenciones, las motivaciones y los deseos ajenos, y, en consecuencia, su capacidad para trabajar eficazmente con otras personas. Vendedores, psicólogos, pedagogos, educadores sociales, docentes, médicos, líderes políticos o religiosos, actores.

- **Inteligencia intrapersonal.** Supone la capacidad de comprenderse a uno mismo y de emplear esa información con eficacia en la regulación de la propia vida. Destacar sus orígenes en la vida emocional y su fuerte vínculo con factores afectivos, además de su importancia en las decisiones que toma una persona a lo largo de su vida.

Se insiste además que en todas las inteligencias hay que tener en cuenta sus facetas emocionales.

- **Inteligencia naturalista.** Supone la capacidad para reconocer y clasificar las numerosas especies —la flora y la fauna— del entorno. Es la capacidad para categorizar organismos nuevos o poco familiares. Biólogos, por ejemplo.

Las otras inteligencias, la inteligencia espiritual.

- *Lo espiritual.* Según Gardner, supone el deseo de tener experiencias y conocer entidades cósmicas que no son fáciles de percibir en un sentido material pero que parecen tener importancia para los seres humanos.

- *Lo existencial.* Gardner no considera como una inteligencia a lo que él define como la inquietud por cuestiones *esenciales*, a la capacidad de situarse uno mismo en relación con las facetas más extremas del cosmos y en relación con determinadas características existenciales de la condición humana, como el significado de la vida y de la muerte, el destino final del mundo físico y psicológico, aunque la considera incluida dentro de la inteligencia espiritual.

Gardner, después de desdibujar ambas, se refiere a la inteligencia espiritual como inteligencia existencia o trascendente.

Pero no concluye que se trate de una inteligencia como tal; el debate está servido.

Hay autores que albergan el concepto de **inteligencia espiritual** desde diferentes disciplinas. Aquí destacaré los pensamientos de tres autores, además de Gardner.

Zohar y Marshall (2001) fueron los que comenzaron a divulgar este concepto de *Inteligencia espiritual*, como la inteligencia que permite ser creativo, tener valores y fe, aportando pruebas científicas. La sitúan como «la base necesaria para el eficaz funcionamiento tanto del CI como de la IE (inteligencia emocional). Es nuestra inteligencia primordial [...] La usamos para ser creativos. Recurrimos a ella cuando necesitamos ser flexibles, visionarios o creativamente espontáneos». (Zohar y Marshall, 2001: 19; 27). Los autores insisten en que nuestra IES (inteligencia espiritual) es pobre, pues vivimos en una cultura donde el materialismo, la eficacia y la falta de compromiso son los signos predominantes. Proponen un test de IES, incluyendo las características necesarias para una alta inteligencia espiritual, que son:

- Capacidad de ser flexible: activa y espontáneamente adaptable.

- Poseer un alto nivel de conciencia de sí mismo.

- Capacidad de afrontar y usar el sufrimiento.

- Capacidad de afrontar y trascender el dolor.

- La cualidad de ser inspirado por visiones y valores.

- Reluctancia a causar daños innecesarios.

- Tendencia a ver las relaciones entre las cosas (ser «holístico»).

- Marcada tendencia a preguntar: «¿por qué?», o « ¿y si?», y a pretender respuestas fundamentales.

- Ser lo que los psicólogos denominan «independiente de campo», es decir, poseer una facilidad para estar contra las convenciones.

Torralba (2010) habla de ella en su libro *Inteligencia espiritual,* como la que «permite acceder a los significados profundos, plantearse los fines de la existencia y las más altas motivaciones de ésta. Es la inteligencia del yo profundo la que se enfrenta a las graves cuestiones de la existencia y, a través de ella, busca respuestas creíbles y razonables [...] La vida espiritual es, en profundidad, movimiento hacia lo desconocido, interés por lo que está oculto, por lo que es invisible a los ojos». (Torralba, 2001: 47, 56).

Y me pregunto: ¿no será que hay una relación directa entre esta dicha *inteligencia espiritual* y la necesidad que tenemos los seres humanos de seguir creyendo en *algo* para nutrir nuestra alma? En este sentido, Cyrulnik (2018) realiza toda una investigación a partir de unas preguntas sin respuesta de unos niños-soldado —*doce viejecitos,* como comenta él— que se encuentra por el camino. Para él, la espiritualidad tiene relación directa con el cuerpo y con la cultura, «se apoya en estas dos bases para desarrollarse hacia el cielo y la abstracción [...], emerge del encuentro entre un cerebro capaz de representarse un mundo totalmente ausente y un contexto cultural que da forma a esta dimensión del espíritu [...], nuestra capacidad de pensar la ausencia actúa sobre lo real como lo hace la palabra, la imprenta e internet. Así se creó un mundo virtual que modifica la realidad [...] la fuerza de los relatos hablados, escritos o repensados explica el regreso de la espiritualidad [...] lo que lleva a la espiritualidad es el misterio de la existencia. ¿Por qué la vida y no simplemente nada? ¿Por qué la muerte de las personas, los animales y las plantas? ¿Adónde vamos después de la muerte?» (Cyrulnik, 2018: 139-141). De hecho, esa necesidad de cuestionarse y de poner la palabra a partir de las ideas que tiene de su lugar en el universo, permite al ser «crear un mundo de relatos en los que cree y a los que se somete [...] Para dejarse fascinar por un relato, la exposición tiene que resonar entre nosotros, dar una forma verbal a lo que nos preocupa, hablarnos de nuestra filiación, nuestro destino en la tierra y nuestra vida después de la muerte». (Cyrulnik, 2018: 224-225). La necesidad de espiritualidad es inherente al ser humano, emerge de lo más profundo del ser y se expresa de diferentes maneras, la inteligencia espiritual permitiría pues cuestionarnos, crear relatos que nos identifiquen y al mismo tiempo buscar respuestas a nuestras preguntas. Permite por tanto ser cultivada desde muy niños, educarla, en el sí de cualquier cultura, sin caer en fanatismos ni interpretaciones fundamentalistas, en cuyo caso tendría consecuencias tan nefastas y negativas que podría llegar a empobrecer, desvirtuar, malinterpretar y alterar lo emocional y social de la persona, deshumanizándose, y convirtiéndose muchas veces en patologías destructivas y autodestructivas.

De hecho, la inteligencia espiritual está muy relacionada con la inteligencia emocional, pero también con la inteligencia racional. Asimismo, nos abre el camino de trabajarla, educarla, estimularla, revalorizarla desde la propia crianza en contextos familiares y sociales, y por supuesto desde la escuela. Se hace necesario abordarla en el mundo actual en que predomina el momento, la inmediatez, lo rápido, lo urgente, lo rutinario, donde el *estrés* es la nueva «realidad» de moda que parece que se haya instaurado en nuestra sociedad como una patología en la que la mayoría se sube a bordo.

Pero volvamos a Gardner. Sus investigaciones supusieron y suponen todavía hoy en día una gran revolución, imposible hace veinte años. Pero ¿es correcto utilizar el vocablo *inteligencias* cuando en realidad estamos hablando de *talentos o capacidades*? ¿Posee *rigor* científico realizar tal afirmación? En una entrevista realizada por alumnos de último curso de maestros en la Universidad de Barcelona al profesor De Mirandés (2014: 2), éste afirma que el «concepto *inteligencias múltiples* es una expresión que utilizó Howard Gardner en 1983 al publicar su libro *Frames of Mind* y *The multiple intelligence*, con el objetivo de no pasar desapercibido y conseguir el mayor número posible de ventas, y al mismo tiempo para resaltar el número desconocido de capacidades humanas y su importancia. Gardner no recuerda exactamente cuándo le surgió de pronto la idea de llamar a las capacidades o facultades *inteligencias múltiples* y confiesa que su libro *Frames of Mind* nunca hubiera tenido el éxito que tuvo si en lugar de hablar de inteligencias múltiples hubiera hablado de talentos. El propio Howard Gardner en 1999 manifestó: si yo simplemente hubiera puesto de manifiesto que el ser humano posee diferentes talentos, semejante afirmación hubiera sido incontrovertible, y mi libro hubiera pasado desapercibido, pero tomé deliberadamente la decisión de escribir acerca de *inteligencias múltiples*, múltiples para resaltar el número desconocido de capacidades humanas, desde la inteligencia musical hasta la inteligencia implicada en el conocimiento de uno mismo; inteligencias para subrayar que estas capacidades son tan fundamentales como las que tradicionalmente detecta el test de CI». De todas formas, la propuesta de Gardner fue y sigue siendo un avance para la comprensión social que permitió ampliar el estudio sobre las inteligencias o las habilidades, así como para estudiar diferentes manifestaciones de excepcionalidad intelectual y ofrecer recursos educativos, ya que permiten diseñar medidas educativas individualizadas.

Gardner ha ido avanzando en su teoría a lo largo de los años. Por ejemplo, en *Frames of mind* (1983) y en *The multiple intelligence* (1993) define la inteligencia como la capacidad de resolver problemas o crear productos que son valiosos en una o más culturas. En *Intelligence Reframed*, publicado en 1999 en Nueva York y posteriormente traducida como *La inteligencia reformulada* (2010) propone ampliar la definición de *inteligencia* como «un potencial biopsicológico para procesar información que se puede activar en un marco cultural para resolver problemas o crear productos que tienen valor para una cultura. Este cambio en la formulación es importante porque indica que las inteligencias no son algo que se pueda ver o contar: son potenciales —es de suponer que neutrales— que se activan o no en función de los valores de una cultura determinada, de las oportunidades disponibles en esa cultura y de las decisiones tomadas por cada persona o su familia, sus enseñantes y otras personas» (Gardner, 2010: 52-53). Por tanto, convierte el término en algo más dinámico, en constante interrelación con el medio en el que la persona vive, teniendo en cuenta el ambiente, la cultura (¡nos remite a las teorías socioculturales!), a los otros... en fin, valorando las oportunidades que se ofrecen —familia, escuela, amigos, compañeros, maestros, etc.— para desarrollarse. Y añade tres nuevas inteligencias: la *inteligencia naturalista*, la *inteligencia espiritual* y la *inteligencia existencial*. «La tarea para el nuevo milenio no consiste simplemente en afinar nuestras diversas inteligencias y emplearlas adecuadamente. Debemos comprender cómo podemos combinar la inteligencia y la moralidad para crea un mundo en el que todos queramos vivir» (Gardner, 2010: 16). E insiste en la importancia de pensar en el empleo de las inteligencias juntas o por separado para realizar tareas que son valoradas en una sociedad.

A lo largo de este apartado y del anterior, se ha ido comentando que los factores emocionales mantienen una interacción permanente con el sistema cognitivo, y que ha habido algunos —pocos— autores a lo largo de la historia que lo han investigado. Tener en cuenta ambos factores implica aportar una visión mucho más completa y real de la inteligencia humana. Veamos a continuación el paradigma de la inteligencia emocional (IE), y su relación con la superdotación y las altas capacidades.

La inteligencia emocional y las altas capacidades

El origen de la inteligencia emocional (IE) hay que situarlo en el concepto de inteligencia social propuesto en 1920 por Thorndike, quien lo concibió como una habilidad para comprender y dirigir a las personas, y actuar sabiamente en las relaciones (Prieto, M.D. y Sainz, M., 2014: 1). Para Thorndike, además de la inteligencia social existen otros dos tipos de inteligencia: la abstracta (habilidad para manejar las ideas) y la mecánica (habilidad para entender y manejar objetos). Por su parte, Salovey y Mayer (1990) acuñaron el término de inteligencia emocional y la definieron como la habilidad para controlar nuestras emociones y las de los demás, discriminar entre ellas y usar dicha información para guiar nuestro pensamiento y nuestras acciones. Salovey propone un modelo de habilidades (1997) incluyendo cuatro niveles: percepción, valoración y expresión de las emociones; utilización de las emociones para facilitar el pensamiento; comprender la emoción y utilizar el conocimiento emocional; regular la emoción para promover el crecimiento emocional e intelectual. A lo largo del tiempo, fueron reformulando su trabajo. Más adelante, Goleman (1995) publicó el superventas *Emotional Intelligence* y despertó gran interés a nivel social. Su modelo se fundamentó en el de Salover y Mayer, aunque con grandes diferencias. Según él, la IE consiste en conocer las propias emociones, manejar las emociones, motivarse a sí mismo, reconocer las emociones de los otros y establecer relaciones. Incluye aspectos como la persistencia, el autocontrol, el celo, la automotivación, el control del impulso o la evitación del estrés, también fue reformulando su propuesta inicial. En 1997 Bar-On define IE como un conjunto de capacidades no cognitivas, refiriéndose a competencias y habilidades que influyen sobre la capacidad de alcanzar el éxito al afrontar las demandas y las exigencias del entorno. Elabora un test para evaluar la IE Y considera que ésta incluye diez factores o habilidades que son potenciados por cinco rasgos de personalidad o facilitadores de la conducta emocionalmente inteligente. Desde estos nuevos modelos de la IE es cuando aparece algún trabajo que pretende relacionar IE con superdotación y talento y comprobar si son iguales o diferentes al resto de personas. Uno de los estudios fue el de Mayer, Perkins, Caruso y Salovey (2001), que pretendía estudiar dicha relación entre nivel intelectual y capacidad para enfrentarse a situaciones sociales desafiantes —utilizando entrevistas y la Escala multifactorial de IE, MEIS de Mayer, Salovey y Caruso (1999)—, concluyendo que los alumnos con alta IE obtenían mayor organización emocional en las relaciones con los iguales, en comparación con los que obtuvieron bajas puntuaciones en IE.

Ahora bien, según Patti, Brackett, Ferrándiz, y Ferrando (2011: 9), hay una falsa creencia en cuanto a considerar que el niño superdotado tiene siempre dificultades para relacionarse con un entorno que no lo comprende y que provoca desequilibrios emocionales. Además, «los datos de diversos estudios actuales están mostrando que las diferencias existentes entre alumnos superdotados y los no superdotados indican que los primeros se perciben con una mayor flexibilidad y destreza para ajustar sus emociones, pensamientos y comportamientos a las situaciones cambiantes, así como con una mayor habilidad para identificar, definir e implementar soluciones efectivas a los problemas». Se hace necesario, pues, poner en marcha desde el currículo escolar recursos para los alumnos, programas y estrategias destinadas a trabajar las habilidades implicadas en una buena IE, así como formar al profesorado para implementarlos.

Por su parte, Bisquerra y Pérez (2007) proponen cinco bloques para agrupar las competencias emocionales, que nos invitan a proponer estrategias psicoeducativas dirigidas a niñas, niños y adolescentes con altas capacidades:

- *Conciencia emocional.* Incluye la toma de conciencia de las propias emociones; el dar nombre a las emociones; la comprensión de las emociones de los demás.

- *Regulación emocional.* Capacidad para manejar las emociones de forma apropiada, e incluye la toma de conciencia de la interacción entre emoción, cognición y comportamiento; la expresión emocional; la regulación emocional; las habilidades de afrontamiento; las competencias para autogenerar emociones positivas.

- *Autonomía emocional.* Incluye la autoestima, la automotivación, la actitud positiva, la responsabilidad, la autoeficacia emocional, el análisis crítico de normas sociales y la resiliencia.

- *Competencia social.* Incluye dominar las habilidades sociales básicas, el respeto por los demás, el practicar la comunicación receptiva, el practicar la comunicación expresiva, el compartir emociones, el comportamiento prosocial y la cooperación, la asertividad, la prevención y solución de conflictos, así como la capacidad de gestionar situaciones emocionales.

- *Competencias para la vida y el bienestar.* Fijar objetivos adaptativos; toma de decisiones; buscar ayuda y recursos; ciudadanía activa, cívica, responsable, crítica y comprometida;

bienestar subjetivo; fluir, como la capacidad para generar experiencias óptimas en la vida profesional, personal y social.

Según Bradberry y Greaves (2012: 20), «superar el desafío diario de lidiar de manera eficaz con las emociones es fundamental para la condición humana, porque nuestro cerebro está diseñado para dar prioridad a las emociones». De hecho, todo lo que vemos, olemos, oímos, saboreamos y tocamos es una información que recorre nuestro cuerpo en forma de señales eléctricas. Estas señales van pasando de célula en célula hasta que llegan a la base del cerebro, pero antes deben llegar al lóbulo frontal, donde se produce el pensamiento racional y lógico. Gracias a este recorrido, las cosas pueden experimentarse emocionalmente antes de que el razonamiento se ponga en marcha. Ahora bien, razonamiento y emoción interaccionan e influyen mutuamente, y esta comunicación es la fuente de inteligencia emocional física. Los autores optan por un modelo de IE que agrupa cuatro habilidades: autoconocimiento, autogestión, conciencia social y gestión de las relaciones, que se agrupan en competencia social y competencia personal, siguiendo la propuesta de Goleman, Goyatzis y McKee (2002). Proponen diversas estrategias para trabajar la IE, y aprender a maximizar las aptitudes personales, algunas de las cuales se expondrán en el capítulo sexto, estrategias útiles para implementar con alumnos de altas capacidades y también para el resto en cualquier centro educativo.

Por un lado, se ha abordado el constructo de IE, evolución del concepto desde el área de la psicología, y por otro lado se ha hecho énfasis a la aplicación de estos estudios a la educación a través del desarrollo de las competencias emocionales, trabajando así la educación emocional, fundamental también para aplicar al alumnado de altas capacidades.

¿Qué hacer con tantas «inteligencias»? La resiliencia como respuesta a las altas capacidades

Llegados a este punto, hemos visto cómo ha ido evolucionando el término de inteligencia a lo largo del tiempo y cuántas «inteligencias» puede llegar a tener un ser. Pero ¿qué hacemos con todo ello? Para las personas de altas capacidades es importante saberse manejar con todas esas «inteligencias». Para ello vemos la necesidad de abordar la inteligencia emocional desde la escuela y desde la sociedad, además de incluir otro aspecto para dar respuestas a esas preguntas: la resiliencia.

Resiliencia es la capacidad del ser humano para afrontar la adversidad y salir fortalecida, es reconstruirse, es comprometerse en una nueva vida, es encontrar un nuevo sentido. Esta sería una definición simple de todo lo que aborda el término. El concepto resiliencia se inspira en la física y más concretamente en la metalurgia, haciendo referencia a la capacidad de los metales de resistir un impacto y recuperar su estructura original. En psicología se utiliza la metáfora de los juncos, haciendo referencia a que los juncos, cuando hay viento fuerte e inundaciones, se doblegan, pero cuando las aguas vuelven a su cauce y el clima se calma, los juncos vuelven a su posición original. Emmy Werner[9] fue pionera en realizar un estudio sobre resiliencia —tomando el concepto de John Bowlby, psicoanalista, padre de la teoría del apego en edades tempranas—.

Autores como Boris Cyrulnik, Barudy y Dantagnan, siguen profundizando sobre el término, ampliando su contenido, proponiendo estrategias, estudiando factores que favorecen la resiliencia teniendo en cuenta tanto factores de protección como

---

9. Estudio longitudinal que se lleva a cabo en 1982 para estudiar las consecuencias psicológicas de niños en alto riesgo psicosocial en Kauai.

factores de riesgo. Cyrulnik, en sus libros *Los patitos feos* (2002) y *El amor que nos cura* (2005), nos ofrece su experiencia y nos propone estrategias. Dirige además toda una colección sobre resiliencia en Gedisa Editorial, muy recomendable. Barudy y Dantagnan (2005), en *Los buenos tratos a la infancia* (2005), afirman que el concepto de resiliencia nos sirve no sólo como guía para establecer criterios de actuación preventiva con los niños y sus padres, sino que además son criterios para que los profesionales pongan sus propios recursos resilientes al servicio de la prevención de los malos tratos mediante la promoción de los buenos tratos. En el capítulo 6 expondré algunas de las acciones que proponen.

Grotberg, E. (2006) establece tres categorías para clasificar el tipo de lenguaje de las personas resilientes:

- *Yo tengo* (soporte emocional). Personas en las que confío y me quieren. Personas que me ponen límites para que aprenda a evitar los peligros. Personas que me muestran, por medio de su conducta, la manera correcta de actuar. Personas que quieren y me ayudan a que aprenda a desarrollarme sola. Personas que me ayudan cuando estoy enfermo o en peligro.

- *Yo soy/ Yo estoy* (fortaleza interna, dispuesto a hacer). Soy una persona por la que otros sienten aprecio. Soy feliz cuando hago algo bueno para los demás y les demuestro mi afecto. Soy respetuoso hacia mí mismo y hacia el prójimo. Me responsabilizo de mis actos. Estoy seguro de que todo saldrá bien. Estoy triste, lo reconozco y lo expreso con la seguridad de recibir apoyo. Estoy rodeado de compañeros que me aprecian.

- *Yo puedo* (habilidades y competencias). Hablar sobre las cosas que me asustan o inquietan. Buscar la manera de solucionar mis problemas. Controlarme cuando tengo ganas de hacer algo peligroso o incorrecto. Buscar el momento apropiado para hablar con alguien o para actuar. Encontrar a alguien que me ayude cuando lo necesito. Equivocarme sin perder el afecto de los demás. Sentir afecto y expresarlo.

Diferentes definiciones han sido abordadas por diversos autores, se han realizado investigaciones, aplicando el término en todas las etapas evolutivas, desde la infancia a la vejez.

También en la última década han aparecido infinidad de manuales para abordar la resiliencia, incluyendo algunas recetas mágicas, convirtiéndose en un término de moda que bastante se aleja de la propuesta inicial.

No obstante, considerar el abordaje de la resiliencia desde la escuela es una buena estrategia, teniendo en cuenta que el comportamiento resiliente se puede trabajar, aprender, mejorar, y que puede llegar a ser una buena respuesta para trabajar con menores con altas capacidades.

En niños y adolescentes de altas capacidades, hay estudios que valoran la relación entre capacidad cognitiva y resiliencia y la posibilidad de que, en el caso de superdotación, se posean herramientas internas que permitan superar las adversidades cuando en el ambiente se produzcan factores estresantes (Neihart, 2001; Neihart, Reis, Robinson y Moon, 2001; Kitano y Lewis, 2005). Por un lado, no hay evidencias de que las personas con sobredotación sean resilientes ni que las personas resilientes tengan altas capacidades. Por otra parte, la mayor capacidad cognitiva no está en relación con una mejor adaptación social, lo que ocurre es que sí puede ser un factor de resiliencia, de protección, en cuanto al desajuste social que se puede producir al ser capaz de promover estrategias efectivas de afrontamiento. Por tanto, la capacidad cognitiva no significa «tener» mayor capacidad de resiliencia.

Ahora bien, sí es cierto que, en los casos de altas capacidades, muchas veces existe la necesidad de ofrecer estrategias para superar obstáculos que se derivan de la cotidianeidad. Debido muchas veces a la disincronía (ajustes entre la maduración intelectual y emocional, por ejemplo), la falta de una correcta atención educativa, los ritmos de aprendizaje, la tendencia al aburrimiento en las aulas, la falta de autoestima, la resistencia a la frustración, etc., es preciso ofrecer estrategias resilientes para fortalecer su autoestima, acompañándolos durante su etapa evolutiva. Aunque estas estrategias resilientes son ampliables a todo el colectivo educativo en cualquier etapa escolar. En el capítulo 6 haré referencia a algunas estrategias.

Es importante también la aportación que puede hacer por ejemplo el profesional como *tutor de resiliencia*, es decir aquel o aquellos seres que provocan el resurgir del individuo después de una herida, de un trauma, de un momento complicado, y lo acompañan en su camino. Puede ser un profesional, una persona, pero también un objeto, un animal, una pieza musical, una obra de arte, un acontecimiento, la fe, la espiritualidad...

¿Clarificamos conceptos?

> «No debemos permitir que las percepciones limitadas de otras personas nos definan».
>
> Virginia Satir

> «*Now, if you don't have the raw talent, you can't will yourself there. But if you have the talent, then will, ambition and the determination to expose yourself to new thoughts, counterargument, new influences, will strengthen and fortify your work, driving you closer to home*».[1]
>
> Bruce Springsteen (2016: 215)

Legalmente se dice...

Supermentes y lo que engloba esta concepción con que se da nombre al libro. Sobredotado, superdotado, precoz intelectual, talentoso en áreas determinadas, de altas capacidades, ¿qué significa cada uno de estos conceptos? Para adentrarse en la terminología, antes se hace necesario hacer un repaso a los textos legales que recogen parte de la nomenclatura, que al final de este apartado especificaré.

---

1. Si no tienes un cierto talento natural, un talento por pulir, no puedes desear estar ahí. Pero si tienes talento, entonces la voluntad, el esfuerzo, la ambición y la determinación de exponerse a nuevos pensamientos, planteamientos, visiones opuestas, nuevas influencias, todo ello te fortalecerá y afianzará tu trabajo y te acercará allá donde quieres ir, allá donde quieras llegar. (Traducción de la autora).

La constitución y el derecho a la educación

El artículo 27 de la Constitución Española de 1978 prevé el derecho a la educación y el modelo educativo que rige actualmente en nuestro país.

Según el citado artículo, todo el mundo tiene derecho a la educación, con la consecución y la finalidad de conseguir el pleno desarrollo de las personas. Además, la enseñanza básica es obligatoria y gratuita, y tanto los profesores como los padres y los alumnos participarán de la gestión de los centros.

Es importante tener en cuenta que este artículo se encuentra en el Capítulo segundo Sección 1ª de la Constitución, por lo que el derecho a la educación es un derecho fundamental y consecuentemente goza de una protección especial. Por eso no debe ser interpretado aisladamente. Requiere, de acuerdo con el artículo 10.2 de la Constitución Española, una interpretación conforme a la Declaración Universal de Derechos Humanos y tratados y acuerdos internacionales sobre las mismas materias ratificadas por España, lo que es de esencial importancia y se comenta en el siguiente punto.

En el artículo 14 se hace referencia a la igualdad de las personas en general, sin que pueda prevalecer discriminación alguna, y en el artículo 49 se prevé concretamente la igualdad de las *personas con deficiencias* delante de la ley, que impone una obligación a los poderes públicos de ofrecer servicios específicos de acuerdo a sus necesidades. El derecho a la igualdad en nuestro Estado ha de ser entendido no como un derecho a ser tratados todos del mismo modo sino como un derecho a ser tratado de forma diferente de acuerdo con los hechos diferenciales de cada uno. Por eso, al interpretar el artículo 27 conforme el artículo 14, vemos que para gozar de un verdadero derecho a la educación en igualdad es necesaria una adaptación a las diferentes capacidades de cada estudiante y proporcionar una respuesta educativa distinta personalizada, es decir una educación inclusiva.

La convención internacional de naciones unidas sobre los derechos de las personas con discapacidad y del derecho de los estudiantes a una educación inclusiva (personalizada)

Esta idea de la educación personalizada o inclusiva se reflejó legalmente a través de un tratado internacional aprobado por la Asamblea de las Naciones Unidas el 13 de diciembre de 2006. Se trata de la Convención sobre los derechos de las personas con discapacidad y del derecho de todos los estudiantes a una educación inclusiva, que se basa en la idea de incluir a todos los estudiantes y garantizar que tengan unas oportunidades iguales y por lo tanto personalizadas a sus capacidades.

Este tratado fue ratificado por el Estado español y publicado en el BOE de 21 de abril de 2008 a través art. 94.1. e) de la Constitución Española, pues era necesaria la aprobación de las Cortes Generales del Estado al ser un tratado que suponía la modificación o derogación de alguna ley que exigía medidas legislativas para su ejecución. Recordemos también que los tratados gozan de primacía sobre las fuentes del derecho interno en caso de conflicto, como muestra la imagen.

Por lo tanto, a la hora de ratificar este tratado, el Estado español era plenamente consciente de los compromisos y responsabilidades que estaba asumiendo, aun cuando suponía la necesidad de crear y adaptar sus textos legales al contenido de la Convención.

En 2016, las Naciones Unidas hizo una evaluación del (in)cumplimiento de la Convención sobre los derechos de las personas con discapacidad y del derecho de todos los estudiantes a una educación inclusiva por los diferentes Estados que la habían ratificado. En el caso español se observó que las leyes sanitarias y de derechos sociales sí se habían adaptado a los requisitos de la Convención, pero había un incumplimiento de tal adaptación por parte de las leyes educativas existentes y de la necesaria creación de leyes inferiores a la Convención para su cumplimiento.[2] Por ello, elaboró un Comentario General nº 4 de 2 de septiembre de 2016[3] para dar a entender el significado y las consecuencias de la implantación de un sistema de educación inclusiva. De este modo, muestra a los países firmantes de forma detallada y específica cómo han de desarrollar este sistema inclusivo y a través de qué herramientas deben hacerlo. Además, este comité recuerda a los Estados parte las obligaciones que asumieron en el momento de ratificar el tratado.

Habiendo transcurrido 12 años desde la creación del tratado, 10 desde su ratificación por el estado Español, y 2 desde el control de cumplimiento y la elaboración del Comentario General nº 4 de las Naciones Unidas, España carece de leyes válidas que regulen el sistema educativo conforme un sistema inclusivo.

---

2. Según consta en el Dictamen jurídico del modelo educativo elaborado por el equipo jurídico de el Defensor del estudiante, fuente: https://altascapacidades.es/portalEducacion/html/otrosmedios/Dictamen Jurídico 7.pdf.
3. https://www.boe.es/boe/dias/2008/04/21/pdfs/A20648-20659.pdf.

Leyes que contemplan la superdotación y las altas capacidades intelectuales

Vemos que el derecho a la educación se contempló ya en 1978 en la Constitución, pero era necesario el desarrollo de este derecho fundamental, lo que se consigue a través de la creación de leyes. No será hasta 1995 —17 años después— que se hace referencia a las necesidades educativas especiales de los alumnos y alumnas superdotados, dando respuesta a sus necesidades con medidas adecuadas, a través del Real Decreto 696/1995 de 28 de abril de Ordenación de la educación de los alumnos con necesidades educativas especiales.

Para analizar la regulación de este derecho en relación a la superdotación seguimos un orden jerárquico normativo, comenzando por las leyes orgánicas que lo han regulado y acabando por el resto de leyes específicas de carácter ordinario del Estado.

Leyes orgánicas

1978	1990	2002	2006	2013
Constitución	LOGSE: LO 1/1990, de 3 de octubre, de ordenación General del Sistema Educativo	LOCE: LO 10/2002, de 23 de diciembre de Calidad Educativa	LOE: LO 2/2006, de 3 de mayo, de Educación	LOMCE: LO 8/2013, de 9 de noviembre, para la Mejora de la Calidad Educativa

Estas han sido las leyes orgánicas más significativas que han regulado las situaciones de superdotación. Actualmente está vigente la Ley Orgánica de Educación (LOE) modificada en algunos artículos y añadiendo nuevos por la Ley Orgánica para la Mejora de la Calidad Educativa (LOMCE). Actualmente nos encontramos ante un nuevo gobierno que propone una nueva reforma.

La entrada en vigor de la LOE supuso un cambio radical en referencia a la educación distinta a la ordinaria requerida por los alumnos de altas capacidades, imponiendo la derogación expresa de las anteriores leyes orgánicas, lo cual supuso también la derogación de sus correspondientes normativas de desarrollo.

La LOE introdujo un nuevo término, más amplio, en sustitución a «alumnos con necesidades educativas personales de sobredotación intelectual» o a «superdotados o sobredotados intelectualmente». Ahora se refiere a «alumnos con altas capacidades», incluyendo este derecho tanto a alumnos superdotados como a los que tienen talentos simples o compuestos (ya sea matemáticos, verbales, creativos, deportivos, académicos, artísticos figurativos...) o precocidad intelectual.

Además, la LOE prevé la atención a la diversidad del alumnado —como los niños de altas capacidades— como un principio fundamental de la enseñanza básica, mientras que las anteriores leyes orgánicas preveían la diversidad como una cuestión excepcional puntual. Así se prevé en el art. 71.3 de la LOE: *«La atención integral al alumnado con necesidad específica de apoyo educativo se iniciará desde el mismo momento en que dicha necesidad sea identificada y se regirá por los principios de normalización e inclusión».*

En definitiva, la LOE amplía el conjunto afectado por la normativa anterior, extendiéndolo de superdotados a todos los alumnos de altas capacidades intelectuales, y además impone un modelo de educación inclusiva como principio general al aportar una atención específica para tipos de alumnado diferentes y al adaptarse a las necesidades de cada alumno, como prevé el art. 71.2 de la LOE a través de una *adaptación o diversificación curricular precisa* (art. 72.3 LOE).

La vigente LOMCE modifica algunos artículos de la LOE. Por lo que aquí nos interesa, la nueva ley modifica el artículo 76 de la LOE que tenía la siguiente redacción: «*Corresponde a las Administraciones educativas adoptar las medidas necesarias para identificar al alumnado con altas capacidades intelectuales y valorar de forma temprana sus necesidades. Asimismo, les corresponde adoptar planes de actuación, así como programas de enriquecimiento curricular adecuados a dichas necesidades*» y añade «*que permitan al alumnado desarrollar al máximo sus capacidades*». Aun así, la LOMCE respetó todos los avances realizados por la LOE en relación al modelo de educación inclusiva como principio general y no como excepción.

Ahora bien, el hecho de reconocer un modelo de educación inclusiva como principio general como lo hizo la LOE supone un avance legal, aunque no necesariamente en la realidad práctica de la mayoría de los centros educativos. Este notorio incumplimiento legal de la implantación de un modelo de educación inclusiva se agrava si consideramos el hecho que, dos años después de la elaboración de la LOE, el estado español ratificó la Convención sobre los Derechos de las Personas con Discapacidad, la que reconocía el derecho de la educación de forma inclusiva como un derecho humano fundamental de todos los estudiantes, como ya se ha comentado. No obstante, la LOE no se modificó para cambiar este papel de principio general a derecho humano fundamental que debería tener la educación inclusiva, ni se crearon textos legales que desarrollasen este modelo inclusivo o personalizado. Además, la LOMCE (2013) se redactó sin desarrollar este modelo de educación inclusiva, incluso cuando España ya había ratificado dicha Convención (2008).

Leyes ordinarias específicas del Estado

Además de la creación de una Ley Orgánica, a lo largo de los años se ha ido desarrollando otras leyes, algunas ya derogadas, por un lado, **leyes educativas** que contemplan las altas capacidades y la superdotación, y por otro lado **leyes** específicas de la administración sanitaria en relación al **diagnóstico** de la superdotación y Altas Capacidades. Éstas últimas, en la mayoría leyes sanitarias y de servicios sociales, regulan aspectos específicos sobre el diagnóstico de las capacidades de los alumnos y han sido modificadas para cumplir con la preceptiva adaptación a la Convención de las Naciones Unidas. En cambio, las leyes educativas, siguen pendientes de la correspondiente adaptación a una Convención de las Naciones Unidas que fue aprobada hace ya 10 años.

Leyes educativas

El primer texto legal que hace referencia a las necesidades educativas especiales de los alumnos y alumnas superdotados es el Real Decreto 696/1995 de 28 de abril de Ordenación de la educación de los alumnos con necesidades educativas especiales. En éste se pretendió regular las condiciones educativas necesarias para personas con «condiciones personales de sobredotación intelectual», garantizándoles los recursos y medios necesarios y potenciando la participación de los padres en la toma de decisiones.

Este texto legal fue más tarde derogado por el Real Decreto 1635/2009, de 30 de octubre, por el que se regulan la admisión de los alumnos en centros públicos y privados concertados, los requisitos que han de cumplir los centros que impartan el primer ciclo de la educación infantil y la atención al alumnado con necesidad específica de apoyo educativo en el ámbito de gestión del Ministerio de Educación. Este último se adaptaba a las necesidades de desarrollo de la LOE (LO 2/2006). Entre otras cosas, esta LO establece la obligación de las administraciones educativas de asegurar los recursos necesarios para los alumnos y alumnas que requieren una atención educativa diferente a la ordinaria por presentar necesidades educativas especiales, por ejemplo, por sus altas capacidades intelectuales. De ello se derivó la necesidad de establecer una nueva regulación para adaptarla y modernizarla a la nueva LO.

El Real Decreto 943/2003, de 18 de julio, por el que se regulan las condiciones para flexibilizar la duración de los diversos niveles y etapas del sistema educativo para los alumnos superdotados intelectualmente, se elaboró en desarrollo de la LOCE, por lo que más tarde algunos artículos quedaron modificados por la LOE. Ésta amplía significativamente las posibilidades de flexibilización para los casos de superdotación (permitiendo acelerar la enseñanza obligatoria hasta tres años o incluso más, en este último caso con el consentimiento de los padres y de las administraciones educativas). Además, contempla una potenciación de la formación del profesorado y responsabiliza las administraciones educativas de la identificación y evaluación del alumnado superdotado intelectualmente.

También cabe tener en cuenta que las comunidades autónomas han adquirido competencias en educación y pueden elaborar legislación propia. Aun así, ninguna de ellas ha desarrollado o modificado sus leyes a la práctica para adaptarlas a los requisitos de la Convención de las Naciones Unidas. Estas leyes de las comunidades autónomas se han desarrollado tanto para reconocer las altas capacidades como necesidad educativa que hay que atender como para regular las medidas necesarias a adoptar.

Por poner un ejemplo, en la comunidad autónoma de Madrid se elaboró la Orden 1493/2015, de 22 de mayo, de la Consejería de Educación, Juventud y Deporte de la Comunidad de Madrid, orden por la que se regula la evaluación y la promoción de los alumnos con necesidad específica de apoyo educativo, que cursen segundo ciclo de educación infantil, educación primaria y enseñanza básica obligatoria, así como la flexibilización de la duración de las enseñanzas de los alumnos con altas capacidades intelectuales. En su artículo 6 sobre Adaptaciones curriculares de enriquecimiento y/o ampliación curricular para alumnos con altas capacidades intelectuales se especifica:

1. *Para la atención a alumnos con altas capacidades se establecen las siguientes medidas:*

    a) *El enriquecimiento curricular supone la realización de ajustes del currículo ordinario en algunos contenidos específicos de las áreas. Consiste en un aprendizaje interdisciplinar de mayor profundidad y extensión que el habitual.*

    b) *La ampliación curricular supone la modificación de los objetivos, contenidos, criterios de evaluación y estándares de aprendizaje evaluables en relación con el curso, o el ciclo en el caso de Educación infantil, que al alumno con altas capacidades intelectuales le corresponde por edad. Estas adaptaciones implican la adquisición de objetivos y contenidos de cursos superiores.*

2. *Este tipo de adaptaciones de ampliación y/o enriquecimiento deben llevarse a cabo cuando se valore que el alumno, en relación con el currículo que le corresponde por edad, presenta un rendimiento excepcional en un número determinado de áreas o un rendimiento global excepcional y continuado.*

3. *Las adaptaciones curriculares de ampliación y/o enriquecimiento de una o varias áreas del currículo se podrán realizar dentro del grupo de referencia del alumno o mediante la asistencia al curso inmediatamente superior al que realiza en ese momento.*

En 1997, en Cataluña, en el Artículo 9 del Decreto 299/1997, de 25 de noviembre (actualmente no vigente), se establece la atención educativa del alumnado con sobredotación intelectual y las medidas de adaptación al currículo necesarias para potenciar el máximo desarrollo de sus posibilidades de aprendizaje y de crecimiento personal, medidas que forman parte de las diseñadas por cada Centro educativo en su PCC (Proyecto Curricular de Centro) incluidas en la atención a la diversidad del alumnado. Específicamente en el Artículo 9. Escolarización de alumnos con necesidades educativas especiales derivadas de sobredotación, se especifican los recursos y se profundiza en la atención:

9.1. El alumnado con necesidades educativas especiales derivadas de sobredotación se escolarizará en centros docentes ordinarios.

9.2. La atención educativa a este alumnado formará parte de las medidas generales de atención a la diversidad, y procurará un desarrollo adecuado de las capacidades establecidas en los objetivos generales de las diferentes etapas.

9.3. La atención educativa a este alumnado incluirá las adaptaciones del currículo necesarias para potenciar el máximo desarrollo de sus posibilidades de aprendizaje.

9.4. Cuando la evaluación psicopedagógica lo aconseje, se podrá autorizar la anticipación del inicio de la escolarización obligatoria, así como la reducción de la duración de ésta respecto a lo que se establece con carácter general, de acuerdo con el procedimiento establecido por el Departamento de Enseñanza y las especificidades recogidas en el Orden de 24 de abril de 1996 del Ministerio de Educación.

En la comunidad autónoma de Cataluña, la Ley 12/2009, de 10 de julio sobre Educación, dispone en su artículo 83 los criterios de organización de los centros para atender los alumnos con altas capacidades, que contempla el desarrollo de programas específicos de formación y flexibilidad, y a su vez prevé un sistema en que la Administración educativa ha de identificar las altas capacidades y su atención metodológica adecuada.

En esta misma línea, la Resolución ENS/1543/2013, de 10 de julio sobre Atención educativa al alumnado con altas capacidades, pretende definir de forma más concreta las medidas para la atención educativa al alumnado con altas capacidades, proporcionando respuestas educativas a las posibilidades y capacidades de cada alumno en los centros educativos (artículo 1 de la resolución).

El Decreto 150/2017, de 17 de octubre de Atención educativa al alumnado en el marco de un sistema educativo inclusivo, prevé en su Preámbulo el objetivo de avanzar teniendo en cuenta la diversidad de las personas y la complejidad social para conseguir un reto de éxito a todos los alumnos en el marco de un sistema inclusivo. En su artículo 4 expone la red de apoyos a la educación inclusiva y en el artículo 12 prevé un plan de apoyo individualizado (PI), lo que podría suponer un avance hacia la armonización con la Convención de las Naciones Unidas sobre los Derechos de las personas con discapacidad.

Legislación sobre el diagnóstico

Según el Comentario General número 4 de 2 de septiembre de 2016, las Naciones Unidas consideraron que «*la educación inclusiva sitúa el foco en las capacidades de los estudiantes*», por lo que el diagnóstico de estas capacidades de cada estudiante resulta ser el primer punto a considerar para la implementación de la educación inclusiva. Las leyes de diagnóstico son leyes sanitarias que, en su mayoría, han sido adaptadas al contenido de la Convención de las Naciones Unidas anteriormente referenciada.

Por ejemplo, las principales leyes sanitarias que han cumplido con la preceptiva adaptación son la ley 41/2002, de 14 de noviembre, básica reguladora de la autonomía del paciente y de derechos y obligaciones en materia de información y documentación y la ley 44/2003, de 21 de noviembre, de Ordenación de las profesiones sanitarias.

La ley 41/2002 reconoce el derecho de los ciudadanos a elegir libremente el centro de diagnóstico, así como los profesionales de diagnóstico. En el caso de tratarse de un menor de edad, serían los padres o tutores legales los que ostentarían este derecho respecto al diagnóstico del o de la menor de edad. A su vez, reconoce el derecho a disponer del informe y copia de todos los documentos de la actuación (test de capacidades...).

A su vez, la ley 44/2003 también adaptada a los requisitos de la ley superior, determina qué profesionales son los legitimados para realizar diagnósticos. De acuerdo con su artículo 2.1 sólo tienen esta potestad los profesionales con competencias sanitarias de grado superior, es decir los que están cualificados como médicos y los psicólogos clínicos. Por lo tanto, sólo aquellos psicólogos que tengan, además de la licenciatura en psicología, un título de la especialidad de psicología clínica, así como los médicos clínicos, pueden diagnosticar y realizar tratamientos. Además, de acuerdo con el artículo 5.1.e de la ley, los profesionales han de disponer de un fichero público donde esté constatada la titulación, licenciatura, especialidad y demás datos de sus colegiados para facilitarlos a sus pacientes.

Esta idea está también contemplada y de forma específica para el caso de superdotación en una norma del Ministerio de Educación de 23 de enero de 2006 para todo el territorio español que dice: «*En el diagnóstico de alumnos superdotados deberán participar profesionales con competencias sanitarias, no sólo educativas*».

En consecuencia, el sistema educativo carece de competencia en esta área de salud para poder realizar diagnósticos y tratamientos, sin que quepa concluir la necesaria exclusión de éstos y otros profesionales no clínicos en el procedimiento. Según comenta el letrado D. Jorge Buxadé,[4] abogado del Estado y Experto en derecho a la Educación, los equipos de asesoramiento psicopedagógico de las escuelas, por ejemplo, no pueden en ningún caso realizar diagnósticos, aunque haya un gran desconocimiento sobre ello. Por eso, estos equipos pueden realizar acciones previas como las de detección y evaluación psicopedagógica si tienen el permiso de los tutores y titulación adecuada, pero si estos realizan diagnósticos pueden incurrir en un delito penal contemplado en el artículo 403 del Código Penal.

¿El principal problema? El sistema educativo carece de profesionales con equipos con competencias sanitarias para poder diagnosticar, además de carecer de competencias legales para poder realizar diagnósticos clínicos por ellos mismos. Así mismo, existen muy pocos centros de diagnóstico de altas capacidades.

Controversias en el diagnóstico y la evaluación en la actualidad ¿Qué hacer y cómo actuar?

¿Y qué se está haciendo en la práctica? Como hemos visto, de nuevo el debate está servido. Existe una gran diferencia entre lo que se hace y lo que dice la Ley Superior. Se realiza muchas veces una detección por parte de los EOEP (equipo de orientación educativa y psicopedagógica) o los EAP (equipo de atención psicopedagógica) en Cataluña, pero no siempre

---

4. http://www.altascapacidades.es/insti-internacional/indice_general/links/consultorioindex.html.

se realiza un diagnóstico especializado. Es más, hay comunidades, como la catalana, donde se respeta y acepta el diagnóstico realizado por un gabinete experto, pero en muchas otras comunidades se impone el diagnóstico realizado en el propio centro como vinculante. Además, por una parte, algunos sectores debaten si es o no necesaria la evaluación; otros, si los centros educativos tienen las competencias para hacer el diagnóstico; aún, otros sectores de la comunidad educativa muestran bastantes reticencias para aceptar un diagnóstico externo. Desde el ámbito clínico, también se ha interpretado del diagnóstico como algo meramente «patológico», o incluso entendiéndolo únicamente como diagnóstico médico, como si el diagnóstico de un médico fuera suficiente para determinar las necesidades educativas de cualquier alumno.

Como se explica en la Guía Científica de las Altas Capacidades,[5] «alguna normativa autonómica puede contemplar la conveniencia que el informe de detección o de informe psicopedagógico contenga algún dato de carácter clínico. Si los padres lo consideran oportuno puede resultar de interés. Pero es importante señalar que cuando un informe de detección o de evaluación psicopedagógica contiene algún dato de carácter clínico puede producir la apariencia de diagnóstico clínico y confundirse con el diagnóstico clínico que es el que determina la existencia, o no, de la superdotación o altas capacidades y su tratamiento educativo. El informe de la detección y el informe de la evaluación psicopedagógica se incorporan a la hora de comenzar el diagnóstico clínico y sus datos de interés se comprueban; si se confirman, se incorporan por el equipo multidisciplinar de profesionales especializados en el Dictamen», es decir, integrándose en el diagnóstico multidimensional de la alta capacidad.

---

5. http://altascapacidadescse.org/shop/index.php.

Según la Guía de Atención a la Diversidad del MECD (Ministerio de Educación, Cultura y Deporte), y en cuanto a las altas capacidades, se considera que «es necesaria una identificación, no con el objetivo de etiquetar sino para estar en condiciones idóneas de poder determinar las necesidades educativas que presentan estos alumnos y dar respuesta a las mismas facilitando el máximo desarrollo de sus capacidades».[6] Inicialmente, acostumbra a ser la familia o escuela quienes lo detectan, para ello hay que contar con la propia familia, con la escuela y por supuesto con el niño o adolescente. Pero, además, tal y como se comenta en dicha guía, «para determinar que un alumno se halla en los ámbitos de excepcionalidad intelectual, es imprescindible el diagnóstico clínico de profesionales especializados», pues sólo este diagnóstico determina la excepcionalidad intelectual.

Por tanto, nos encontramos ante dos fases, la inicial, la de detección, que puede ser realizada de forma individual por maestros, padres... incluso puede hacerse colectivamente al conjunto de alumnos de un aula o de todo el centro, como propone el Instituto Internacional de Altas Capacidades, ofreciendo una serie de estrategias para realizarlo.[7] Se aportan unos cuestionarios generales para todas las edades, así como otros cuestionarios por edades (niños y niñas de 3 y 4 años, de 5 a 8 años y de 9 a 14 años). Luego se ofrecen unos cuestionarios complementarios, de detección de las inteligencia múltiples y de detección de capacidades, cuestionarios a partir de ciclo medio de primaria, para realizar familias y maestros y el propio alumno o alumna. Estas herramientas aportan muchas pistas para valorar las altas capacidades (si estáis interesados en ellos,

---

6. http://descargas.pntic.mec.es/cedec/atencion_diver/contenidos/altascapacidadesintelectuales/cmo_se_detecta.html.
7. http://www.altascapacidades.es/insti-internacional/pagina/La_Deteccion/Individual.html.

sólo tenéis que entrar en la web que cita). La propuesta que se hace desde el Instituto de Altas Capacidades es que una vez rellenados los cuestionarios previos, los maestros —o pediatras— estudian las respuestas de las familias y se comparan con las propias respuestas, aunque también se pueden realizar entrevistas para valorarlo conjuntamente. En caso de realizar una valoración conjunta, es preciso que los maestros se reúnan con las familias de los alumnos en que los resultados señalen que puede tratarse de altas capacidades. El Instituto Internacional de Altas Capacidades informa al respecto que las posibilidades de acierto de los cuestionarios de detección son de un 90%. Una vez finalizada la detección, se realiza o no un informe de evaluación psicopedagógica. Pero después, es necesario dirigirse a un centro de diagnóstico clínico para realizar un diagnóstico completo.

En la segunda fase estaríamos realizando pues un diagnóstico, que debe ser llevado a cabo por expertos. Desde el Consejo Superior de Altas Capacidades,[8] se ofrece un enfoque novedoso desde esta visión a la que no se hacía referencia —digamos «oculta, invisible»— sobre lo que determina la Ley de superior rango, tanto en lo científico como en lo legal. Se propone un modelo de diagnóstico clínico Integrado o también denominado «Modelo de diagnóstico clínico completo y proactivo», que integra la biomedicina, la neuropsicología y las ciencias de la educación. Este modelo de diagnóstico se fundamenta en las definiciones científicas actuales de altas capacidades, se integra dentro del Modelo general biopsicosocial aprobado por la Organización Mundial de la Salud en 2001, y está inscrito dentro de la Evaluación multidisciplinar de las capacidades y necesidades de la persona en la ley de rango superior, es decir, en la Convención Internacional de Nacio-

---

8. http://altascapacidadescse.org.

nes Unidas de 2008. Existen gabinetes especializados compuestos por equipos multidisciplinares expertos en el diagnóstico y tratamiento de las capacidades, en la evaluación y en el diagnóstico, la aplicación y el seguimiento de los programes psicoeducativos necesarios. Este modelo no sólo tiene en cuenta los valores psicométricos, como el índice de CI, sino que valora indicadores tanto cuantitativos como cualitativos, el desarrollo evolutivo, la creatividad, los estilos de aprendizaje, las habilidades, la orientación y asesoramiento en planes de actuación educativa.

Por todo lo comentado, tal y como se expone en la Guía Científica de las Altas Capacidades, hay que tener presente que por un lado es necesario este «diagnóstico clínico integrado» que contempla la alta capacidad en su multidimensionalidad e integra sus diversos factores y dimensiones biomédicas, neuropsicológicas y sociopedagógicas —diagnóstico biopsicosocial—, y además, en el caso en que la medida educativa diagnosticada suponga una variación de los elementos prescriptivos de adecuación del currículo (adaptación curricular), su desarrollo excederá de las competencias del centro educativo y requerirá la resolución de la administración educativa para aplicarse. Pero si a través del diagnóstico clínico integrado no fuera previsible la incidencia en los elementos prescriptivos del currículo y se realizara una adaptación metodológica, como por ejemplo el enriquecimiento curricular, el desarrollo de tales adaptaciones curriculares no significativas se llevaría a cabo desde las propias competencias de la escuela.

En este proceso es muy importante la implicación tanto de profesionales como de familias. Estas últimas, como responsables primeras de la educación de sus hijos, deben procurar que se realice el diagnóstico vinculante y lo comuniquen a la dirección del centro educativo para que se pongan en marcha las adecuaciones necesarias, para que se ofrezca la atención personalizada o inclusiva «que se basa en los resultados de la evaluación multidisciplinar [...] Los padres deben solicitar la evaluación multidisciplinar en un centro especializado en el diagnóstico de las capacidades de los estudiantes de su libre elección, pero es fundamental que sea un centro dirigido por un equipo multidisciplinar, que realice la evaluación multidisciplinar en el modelo biopsicosocial aprobado por la OMS [...] Es fundamental que no detengan el proceso diagnóstico del niño en esta fase inicial de detección, o que se intente deducir de estas fases iniciales conclusiones educativas, pues la detección o de la evaluación psicopedagógica no permiten conocer las verdaderas necesidades educativas del niño, sino únicamente aspectos cuantitativos de contenidos curriculares. En todos los casos es necesario alcanzar el diagnóstico clínico completo o evaluación multidisciplinar, como señala el Ministerio de Educación en plena coincidencia con la Convención de Naciones Unidas».[9]

De lo que en definitiva se trataría es de coordinarse entre los diferentes ámbitos y servicios, familia, escuela, centros de diagnóstico especializado, para procurar una atención educativa de calidad. Los tres sistemas son necesarios y es fundamental que interactúen entre sí. No es suficiente ni con el diagnóstico ni con la detección inicial de forma aleatoria, como hemos visto. Es necesario que los expertos colaboren con el centro educativo que ha realizado el diagnóstico, facilitando tanto a los maestros como a los equipos de asesoramiento psicopedagógico de las escuelas la aplicación práctica de las prescripciones. Pero es igualmente necesario que los centros educativos lo reciban de forma positiva y se impliquen en la tarea. Así es como se puede llegar a establecer una colaboración real y beneficiosa.

---

9. Entrevista al doctor Jon Liberman «La educación inclusiva o personalizada ha llegado. Sólo hace falta que los padres la activen», en: http://www.infantojuvenil.eu/, documento: http://www.infantojuvenil.eu/sepij/archivos/pdfs/Ha_llegado_la_Educaci%C3%B3n_Inclusiva_para_todos.pdf.

Superdotado, sobredotado, precoz intelectual, talentoso, altas capacidades. ¿Es lo mismo?

De estas medidas, podemos deducir que efectivamente la atención a la sobredotación, superdotación, talentos, precocidad intelectual, altas capacidades, se incluye dentro de educación inclusiva en un proyecto de calidad encaminado a atender a la diversidad educativa del alumnado de una comarca, población o país. Además, implica ofrecer todos los recursos que sean necesarios para su consecución. Así pues, implica entender que son necesidades educativas, y por tanto hay que ajustar la respuesta educativa a las necesidades de todo el alumnado, potenciando sus recursos, y esto incluye a todos los niños, tanto a los que están por debajo como también a los que están por arriba o los que están en el nivel esperado, con el fin de mejorar su calidad de vida. Se ha hecho también referencia a un adecuado diagnóstico especializado para precisamente poder ofrecer estos recursos dentro de la escuela ordinaria. Pero, eso sí, a un diagnóstico especializado que sea llevado por personas competentes en esta materia, y es en ello en lo que en la actualidad se está avanzando, como hemos visto.

Según el profesor Castelló (Castelló y Martínez, 1999), ante el tema de la sobredotación y el talento nos encontramos con posturas radicalizadas que muestran tanto el desconocimiento como el temor social a aceptar las diferencias. Las ideas que se han ido divulgando a través de los medios de comunicación y las redes sociales sobre los superdotados han derivado en percepciones erróneas respecto a las concepciones de la persona y respecto a sus necesidades. Tratarlos de genios o considerar que tienen dones especiales para realizar ciertas tareas, acusándolos de ser capaces de cualquier cosa por encima de los otros, como aprender a leer antes, o calcular mentalmente mucho más velozmente que los otros compañeros, o resolver ecuaciones y ganar partidas de ajedrez en edad temprana, acusándolos así de sus propias posibilidades mediante esa discriminación positiva. O bien todo lo contrario, acusándoles de ser criaturas débiles, muy listos pero enfermizos, con problemas con el lenguaje oral y escrito, tímidos, listos pero desequilibrados emocionalmente, obtusos, lineales y tozudos, con poco don de gentes, raritos, niños a quienes no les gusta jugar al balón y niñas que disfrutan con ello. La realidad es que cada alumn@ con capacidades intelectuales superiores tiene un perfil diferente, de hecho, con la misma diversidad con la cual nos encontramos ante una persona «normal» (Castelló y Martínez, 1999: 5).

Aclarando conceptos

Sobredotación. Como hemos visto en los primeros textos legales, se hace referencia a este vocablo para determinar las acciones educativas y de diagnóstico dirigidas al alumnado especialmente dotado, sea superdotado, talentoso o precoz intelectual.

Superdotación intelectual (o sobredotación intelectual). Según el diccionario de las altas capacidades del Consejo Superior de Expertos en Altas Capacidades, es un concepto definido como «fenómeno cognoscitivo-emocional-motivacional estable y global de la persona humana que se caracteriza y define por un hecho básico: las diferencias en la alta capacidad intelectual del sujeto, no sólo a nivel cuantitativo, sino sobre todo en su funcionamiento, consecuencia de las diferencias cualitativas en lo cognoscitivo, emocional y motivacional. La superdotación es capacidad potencial, que sólo podrá producir rendimiento si se producen las condiciones de desarrollo adecuadas. La superdotación (y la alta capacidad) presenta diferencias significativas en el desarrollo morfológico cortical y en la configuración final del cerebro».[10]

---

10. http://altascapacidadescse.org/Glosario_de_terminos.html.

Castelló (1997: 85) argumenta los aspectos comportamentales específicos de la superdotación: **curiosidad orientada a la comprensión**, es decir, se interesan más por el *por qué* de las cosas que por el *qué*, buscan sentido a todo lo que van incorporando en su memoria, aspecto que puede limitar la cantidad de aprendizaje, pero maximiza la significación del mismo. Este proceder puede llevarles a conclusiones erróneas o informaciones incorrectas, ya que en edades tempranas no siempre se dispone de la cantidad de información necesaria para generar las explicaciones más idóneas. Suelen ser personas críticas con la arbitrariedad de las informaciones, por lo que pocas veces solicitarán más información a los maestros, aunque sí les exigirán congruencia y rigor en sus explicaciones; **interconexión de informaciones**, pues tienden a relacionar informaciones pertenecientes a contextos distintos, generando conceptos y representaciones, con altos niveles de abstracción, que vinculan informaciones aparentemente distantes, debido a la acción conjunta de recursos cognitivos; **versatilidad**, pues es eficaz en cualquier tarea o contexto. A mayor complejidad, que no es lo mismo que dificultad —relacionado más con el talento específico—, más destaca la eficacia de esta configuración cognitiva.

La superdotación implica, pues, que todos los recursos intelectuales de la persona presentan un nivel elevado. Eso quiere decir que el niño o niña superdotado es eficaz en todas las tareas y ámbitos, pero además tiene los recursos y aptitudes necesarios para solucionar cualquier tipo de problema complejo. Es capaz de poner en marcha todas las estrategias intelectuales complejas para resolver eficazmente cualquier problema que se le plantee. Es flexible y puede manejar y procesar cualquier tipo de información, sea espacial, matemática, verbal, social, académica, motriz o emocional. Las aptitudes de un niño o niña superdotado se pueden ver, pero con seguridad es durante la primera etapa de la adolescencia, hacia los 12-13, años que se puede realizar un diagnóstico fiable. Eso no quiere decir que debamos esperar hasta entonces, sino que es necesario ofrecer los recursos que precisa desde mucho antes. Habitualmente, la persona superdotada tiene buenos resultados académicos, en todas las áreas, pero tampoco muy por encima del resto, aunque tienen una capacidad inmensa en conectar temas y contenidos muy diferentes; les suele interesar el sentido de las cosas, la profundidad sobre ciertos aspectos; se pregunta el por qué de las cosas. Muchas veces pasan desapercibidos en el ámbito escolar. Suelen presentar una personalidad bastante equilibrada, con una adecuada autoconfianza y niveles de autoestima óptimos. Su socialización suele ser adecuada, suelen mostrarse flexibles y tolerantes. Considerar que evaluar la capacidad intelectual solamente a partir del CI (un cociente intelectual superior a 130), es una idea obsoleta, ya que las actuales teorías cognitivistas sobre el intelecto sustituyen este índice por organizaciones más ricas y complejas —de estructuras y funciones— de las capacidades cognoscitivas (Genovard y Castelló, 1990).

Precocidad intelectual. La precocidad intelectual se refiere a los niños que muestran un ritmo de aprendizaje mayor al que correspondería por edad evolutiva; por tanto, destacan ante sus compañeros de su misma edad. Vemos de este modo que la precocidad intelectual es un fenómeno evolutivo, cognoscitivo-emocional-motivacional, que se da durante una determinada etapa evolutiva, aproximadamente entre los 0 y 14 años de edad. Según algunos autores (Castelló, 1992; Castelló, 1995; Castelló, 1999; Genovard, 1990), un niño precoz accede antes a los recursos intelectuales básicos, pero no consigue al final de su maduración intelectual ni más ni mejores niveles intelectuales que el resto de niños de su misma edad. Cuanto más pequeñito sea el niño, la precocidad se manifiesta de forma más notable. La diferencia con un niño superdotado o talentoso es que éstos pueden o no presentar precocidad, pero cuando finalizan su maduración, su configuración intelectual es mayor, teniendo más recursos que el resto de adolescentes de su misma edad evolutiva. Eso no quiere decir que a los niños con precocidad intelectual no se les preste la atención psicoeducativa que precisan, de hecho, necesitan esta respuesta desde la escuela y otros ámbitos. Sobre todo, también es importante atenderlos en los momentos en que al acabar su maduración se dan cuenta que están al mismo nivel que sus iguales y por tanto se debe prevenir la caída de su propia imagen, de su seguridad, de las expectativas y de la motivación, y debe estar muy preparado para ser capaz de superar la frustración, y más en esta etapa de la adolescencia en que se produce este cambio. Por otro lado, cuidado con generar estas expectativas de excepcionalidad intelectual en el ámbito familiar y escolar, ya que los efectos pueden resultar muy negativos para el niño y su entorno. Es preciso prestar mucha atención para diagnosticar de forma eficaz una superdotación, un talento o una precocidad. Es necesario que los equipos de diagnóstico sean equipos de profesionales competentes, formados y especializados en este ámbito.

Talento. Algunas de las definiciones científicas actuales lo describen como[11] «un fenómeno cognoscitivo-emocional-motivacional estable de la inteligencia humana que responde, en cierta medida, al concepto opuesto al de la superdotación, pues el talento se caracteriza por especificidad intelectual y las diferencias intelectuales más destacadas son las de carácter cuantitativo, mientras que la superdotación presenta generalidad o capacidad intelectual global y las diferencias cognoscitivas, emocionales y motivacionales más importantes son las cualitativas, mientras que en el talento las diferencias intelectuales fundamentales son de carácter cuantitativo. Para que un talen-

---

11. http://altascapacidadescse.org/Definicions.htm.

to aflore requiere un conjunto de catalizadores intrapersonales y ambientales». Si las condiciones del entorno son favorables, con una buena motivación e interacción, y el rendimiento puede llegar a ser muy alto.

La persona talentosa muestra un rendimiento extraordinario en una o varias áreas, ámbitos o tipos determinados, donde muestra aptitudes elevadas en ese ámbito específico, constituyendo talentos simples (matemático, verbal, artístico, social) o en un tipo de procesamiento determinado, como es el talento *lógico o creativo* (Castelló, 1999). Se refiere por tanto a un rendimiento parcial, específico (la *especificidad* es la característica fundamental) de un área (*talento simple*) o áreas determinadas (*talento múltiple* —si se dan dos áreas no combinadas entre ellas—, o *talento complejo* —si se da la conexión entre diferentes áreas que se combinan entre ellas en recursos más sofisticados—), y en esta área muchas veces tiene una capacidad y competencia elevadísima respecto al resto de personas de su misma edad evolutiva, siendo incluso más efectivo que la persona superdotada. En el resto de áreas, ámbitos o formas de pensamiento que no tenga ese dominio, el niño talentoso puede rendir en niveles discretos o por debajo del resto de sus compañeros e incluso tener ciertas dificultades.

El talento simple y múltiple comparte características. El talento simple implica una elevada aptitud en un ámbito o tipo de información. El talento múltiple implica eso mismo, pero en diferentes áreas, equivale a diferentes talentos simples (talento matemático, verbal, artístico, social, lógico, creativo). Acostumbran a ser muy *sensibles al entorno*, «pueden llegar a ser muy brillantes cuando las condiciones se ajustan y pobre cuando dichas condiciones —incluso dentro de una misma asignatura— son dispares a los puntos fuertes de su perfil intelectual» (Castelló, 1997: 91). Así mismo, su *motivación* acostumbra a ser muy alta en su ámbito de talento específico, pero baja en el resto, y eso es lo que hace que se descompensen sus resultados.

El talento complejo constituye combinaciones de aptitudes específicas (Castelló y Martínez, 1999): talento académico (verbal + lógico + gestión de memoria) y Talento artístico-figurativo (aptitud espacial, razonamiento lógico y creativo, gestión perceptual). Habitualmente, los talentos complejos manifiestan (Castelló, 1997: 87): motivación orientada a los contenidos, una necesidad de obtener información (a diferencia de los superdotados), son «devoradores de contenidos», mostrando facilidad en recordar información, datos, vocabulario, aprendiendo con rapidez, siendo muy curiosos; organización y estructuración de la información en memoria, disponen de un acceso ágil a la información en la memoria gracias a una organización lógica y ordenada de la misma, aunque gran parte de sus aprendizaje son significativos, comprensivos; versatilidad restringida, pues aunque pueden mostrar competencia en cualquier tipo de aprendizaje escolar, éste es restringido, su rendimiento puede bajar dependiendo de las condiciones, y más si se les hace responder a una cuestión utilizando una propuesta más creativa, por lo que suelen mostrarse más rígidos, sobre todo en el caso del talento matemático. También en estos casos su autoestima suele ser muy alta, debido en esa valoración externa que se suele hacer sobre los éxitos escolares, más por parte de los maestros y de las familias que de sus iguales.

Finalmente, el término **altas capacidades** se utiliza en la legislación actual y regula las intervenciones educativas que se realicen. Se aplica a la población que está en edad escolar y que precisa de medidas para desarrollarse adecuadamente según sus propias capacidades.

Alta capacidad intelectual o excepcionalidad intelectual se define, según las Definiciones Científicas de Altas Capacidades,[12] como «el conjunto de fenómenos intelectuales mul-

---

12. http://altascapacidadescse.org/Definicions.htm.

tidimensionales, cognoscitivos-emocionales-motivacionales formados por la superdotación o sobredotación, la precocidad Intelectual, el talento simple o el talento complejo. También aquellos niños y niñas que son diagnosticados simplemente de alta capacidad sin que en un momento evolutivo se pueda precisar la especificidad a la que pertenecen. Requieren una elevada potencialidad intelectual inicial, multidimensionalmente configurada en distintas aptitudes, que debe cristalizar a lo largo del desarrollo hacia la excelencia como manifestación en la vida adulta, y cuyo funcionamiento cognitivo le distingue de las personas con capacidad intelectual media. Son funciones resultantes del proceso de desarrollo, a partir de un sustrato neurobiológico, las variables psicosociales incidentes en él y la educación, que condicionan su manifestación más o menos estable y óptima, no garantizada por su configuración neurobiológica». Es preciso adecuar la atención educativa a sus necesidades, así como realizar el diagnóstico correspondiente. Siguiendo las apreciaciones de Robinson y Olszewski-Kubilius (1996), sugieren diversas características: asincronía en los procesos madurativos (disarmónico); adquisición precoz del lenguaje y habilidades de razonamiento; nivel de conversación e intereses similar a los niños de mayor edad; curiosidad insaciable y preguntas perceptivas; memoria a largo plazo; comprensión rápida e intuitiva de los conceptos, realizando conexiones entre ellos; habilidad para recordar problemas que no se han resuelto; interés en patrones y relaciones; interés por los otros iguales; habilidad para realizar nuevas vías de pensamiento; capacidad para plantear y resolver nuevas vías de solución; capacidad para actividades autónomas; sentido del humor avanzado para su edad; talento en áreas específicas, como el dibujo, la música, la lectura, los juegos; intensidad en cuanto a las emociones; sensibilidad y perfeccionismo.

Aspectos asociados

Existen una serie de factores que suelen asociarse cuando hablamos de altas capacidades, factores relacionados que deben tenerse en cuenta, como los ritmos y estilos de aprendizaje, la personalidad, la adaptabilidad, la preocupación por la justicia, la sensibilidad, el perfeccionismo, la motivación y el posible aburrimiento en el aula (especialmente en el caso de los talentos simples, aunque no acostumbra a pasar en casos de superdotación), las posibles dificultades de socialización, los conflictos personales y la falta de seguridad, entre otros. Factores todos ellos que no siempre prevalecen en todos los casos, pero a los que sí será necesario prestar la atención adecuada en los casos que lo requieran.

Por otra parte, la **disincronía** merece una especial atención. Este concepto tiene una dimensión evolutiva, fue descrito por Terrassier (1981, 1993, 1994, 2000), y se refiere a la «no sincronía entre el desarrollo intelectual y el desarrollo psicológico». La disincronía puede ser interna y social. En el caso de la *interna*, concierne a los particulares ritmos heterogéneos del desarrollo de los niños superdotados; en la *disincronía social* se expresan las dificultades específicas en su relación con su entorno. La disincronía se da habitualmente en los casos de precocidad intelectual, aunque este fenómeno se suele manifestar también en algunos casos de talentos, sobre todo en el talento complejo académico y lógico, y algunas veces también en casos de superdotación.

La disincronía interna describe la disparidad de desarrollo entre, por una parte, la precocidad de la evaluación intelectual y, por otra, la maduración afectiva y psicomotriz. Esta heterogeneidad ocasiona dificultades específicas que los padres y los profesores tienen que conocer si quieren respetar la personalidad de los niños superdotados y evitar hacerlos sufrir con medidas inadecuadas (Terrassier, 2000: 69-70).

Disincronía inteligencia-psicomotricidad, cuando los niños de altas capacidades no tienen la misma precocidad en el plano intelectual que en el plano psicomotriz.

Disincronía lenguaje-razonamiento, cuando la capacidad de razonamiento en los niños de altas capacidades se encuentra por delante de la capacidad de lenguaje.

Disincronía inteligencia-afectividad, cuando inteligencia y afectividad no se desarrollan de forma paralela. Es importante señalar que el desarrollo emocional es independiente al cognitivo.

En cuanto a la disincronía social, Terrassier (200: 71-72) afirma que «resulta del desfase entre la norma interna del desarrollo del niño precoz y la norma social adecuada a la mayor parte de los niños. La consecuencia más evidente se sitúa respecto a los sistemas de educación escolar, donde se desea que todos los alumnos se eduquen dentro de una norma única. Aquí el no respeto del "derecho a la diversidad" conduce a un fracaso escolar paradójico en demasiados niños que tenían aptitudes brillantes». Nos encontramos pues con las siguientes disincronías:

Disincronía escolar, como consecuencia del contraste entre el ritmo estándar de la situación de enseñanza-aprendizaje y la capacidad y el ritmo del alumno de altas capacidades.

Disincronía con la familia, cuando se da a consecuencia de lo que los padres esperan de su hijo en cuanto a que se comporte de acuerdo a lo que correspondería a su edad (y más si hay hermanos mayores, pues se entra en comparaciones de forma inconsciente), y lo que de hecho manifiesta el niño de altas capacidades, por ejemplo, sus inquietudes sobre la vida y la muerte, la justicia, etc. Esta situación hace que la persona de altas capacidades se sienta extraña o culpable.

Disincronía con los iguales, cuando se da a consecuencia del desfase entre su edad cronológica y la edad mental y que implicaría tener amigos del mismo nivel intelectual. Muchas veces eligen niños más mayores o adultos para los juegos o la conversación.

Estrategias educativas que se suelen adoptar en los centros educativos

La gran pregunta es: ¿qué se hace desde la escuela? Una vez realizado el diagnóstico en altas capacidades, se ponen en marcha una serie de estrategias para atender a los niños dentro de la escuela. Las usadas de forma tradicional han sido la aceleración, el enriquecimiento y el agrupamiento. Veamos en qué consisten:

- **Aceleración.** Implica reducir la duración de alguno de los ciclos de enseñanza. Se concreta en la anticipación de la escolaridad, es decir, iniciar la escolaridad obligatoria antes de los seis años, y en la reducción de la escolaridad, reducir los años de escolaridad obligatoria. Se utiliza y puede resultar adecuada en casos de precocidad intelectual y de talento académico, no para otros talentos simples. Tiene pocos costes económicos, pero puede acentuar la disincronía, pues el nivel de madurez cognitiva no es el mismo que el grado de madurez social o emocional.

- **Agrupamiento.** Se trata de juntar alumnos con las mismas características. Hay diferentes tipos de agrupamiento: el agrupamiento total, que implica una escolarización segregada, pues los alumnos asisten a una escuela especial todo el horario lectivo, y además, no atiende a la política educativa basada en la inclusión; el agrupamiento parcial, que se trata de agrupamientos flexibles, por ejemplo, por materias o durante algunas horas o en actividades extraescolares.

- **Enriquecimiento del currículo.** Es una estrategia educativa que implica realizar ajustes curriculares individualizados, en cuanto a los contenidos, a las ampliaciones, a los niveles de profundidad, actividades, etc. Consiste en diseñar programas ajustados a las características propias de cada niño de altas capacidades. Equivale a una *ampliación curricular* (o adaptación curricular precisa de los alumnos talentosos —ACP—. Se denomina también adaptación curricular de ampliación o programa de enriquecimiento). Se suele llevar a cabo en casos de talentos académicos y de otros talentos. Ampliación curricular implica añadir contenidos al currículo ordinario (que no quiere decir recurrir a contenidos de cursos superiores sino ampliar, profundizar en los contenidos), e implica la modificación de elementos prescriptivos de currículo. Se suele realizar en casos de precocidad intelectual y de talentos específicos y académicos. *La ampliación horizontal* de contenidos consiste en realizar conexiones entre los contenidos de diferentes áreas, y suele ser apropiada en las adaptaciones curriculares de los alumnos superdotados. *La ampliación vertical* de contenidos consiste en aumentar la cantidad de contenidos, y es una estrategia indicada para la adaptación curricular de alumnos talentosos en el área que precise.

- **Adaptación curricular precisa** de los alumnos superdotados, o de altas capacidades (ACP). Se adapta el currículo a la forma de procesar la información y de aprender de estos alumnos. Se orienta a tender sus principales diferencias intelectuales y se ajusta a las necesidades educativas que pone de manifiesto el diagnóstico clínico completo. Las adaptaciones curriculares consisten en adecuar objetivos, contenidos y metodología para adaptar el currículo a las capacidades de los alumnos que lo precisan.

Además de estas medidas, hay que tener en cuenta otras estrategias que favorecerán al conjunto del aula, como las que siguen:

- Grupos Multinivel, que son las adaptaciones que se adoptan en el aula para dar respuesta a los diferentes niveles que hay en el grupo, disminuyendo así la necesidad de tener que recurrir a programas diferenciados. Esta estrategia favorece a todos los alumnos del aula.

- Formación de grupos heterogéneos dentro del aula ordinaria, formados por niños y niñas con diferentes habilidades y capacidades, teniendo en cuenta la coordinación entre sus componentes y la asignación de roles.

- Tutorías entre iguales, que permite el trabajo entre diferentes niveles de aprendizaje, por ejemplo, entre un niño de altas capacidades con un niño de capacidades inferiores.

Soy superdotad@, precoz intelectual, talentoso... Tengo altas capacidades. ¿Y qué?

Ante una situación que vivió con gran desespero e incomprensión, un chico me insistía en consulta hace algunos años: «No soy un superdotado, de hecho, si me dan a escoger, no quiero serlo, ni lo seré nunca. En casa soy el segundo hijo de la familia. Somos dos hermanos, los dos varones, y desde bien pequeño me han puesto esa etiqueta. Con cinco años era más listo que el zoquete de mi hermano mayor. Con nueve años ya tenía conocimientos para ir a la universidad, examinado por doctores no tenían ninguna duda; ahí se puede decir que comenzó mi etiqueta de superdotado, aunque para mí comenzó con la edad que te he comentado. Pero mis padres no po-

¿Clarificamos conceptos?

dían dejar que con esa edad marchitara mi futuro, algo con lo que a día de hoy les estoy agradecido. Lo que más odiaba eran las visitas a los doctores: psicólogos, analistas y no sé qué tonterías más. Todos con un gran título enmarcado en la pared, cuanto más grande mejor. Los odiaba a muerte. Y a mis padres también. En la escuela era cada día peor, el aburrimiento era máximo, era como ir al cine y que cada día pusieran la misma película. Los compañeros eran duros conmigo, me hacían pequeñas "putadas": no sabía hacerme respetar ni defender, algo que años más tarde mi hermano me enseñaría a hacer. Las malas notas llegaron, dedicaba las horas a hacer el payaso con uno y con el otro, intentando llamar la atención de las chicas de clase, siempre sin éxito».

A un niño le gustaba ser «así, tan listo», porque su papá lo quería más. Otra niña, a la que se avanzó un curso en primaria, decía que estaba contenta «porque soy mejor que las otras niñas», y sus padres opinaban lo mismo, elogiando constantemente sus «avances» ante ella, su familia y las familias del colegio. U otras familias que deciden no hacer nada porque sus hijos ya son listos y no necesitan que nadie intervenga.

No todas las situaciones son idénticas. No en todos los casos las personas se comportan del mismo modo. Hemos visto que una situación de superdotación o de altas capacidades viene caracterizada por un conjunto de circunstancias, no simplemente por una condición simple o única; hay veces que resulta más claro observar un tipo de habilidad, por ejemplo, la matemática o lingüística, que otras muchas en las que a veces pasan desapercibidas, pero sí es cierto que hay unas características comunes. Aunque en muchas ocasiones hay casos que pasan desapercibidos y otros se achacan a una falta de atención o a problemas de comportamiento.

Existe la tendencia de querer caracterizar las personas de altas capacidades, pretender dar una lista de «aptitudes» para definir cómo son, cómo se comportan, cómo hacen y qué cabe esperar. ¡Y cómo a veces estas «características» se tornan mitos! Nada más necesario que mirar la red, hojear algunos materiales escritos, y lo encontraréis en abundancia. Sí es cierto que hay una serie de rasgos de comportamientos, de actitudes que podrían ser similares en niños que poseen superdotación, precocidad o talento. Ahora bien, ¡ojo!, si lo que se pretende es hacer una lista de características comunes determinista incurrimos en el peligro de etiquetar, y la etiqueta puede ser nefasta si la intención es más aislar que promocionar. Encontramos tal variabilidad en los niños y adolescentes de altas capacidades como en el resto de la población.

Por otra parte, hemos visto también que a pesar de estar contemplado legalmente el diagnóstico y la adecuación de programas para que los alumnos de altas capacidades se desarrollen adecuadamente, no siempre se ha ido avanzando en este aspecto. Ha habido tópicos diferentes sobre las personas superdotadas para justificar que la atención no es necesaria, tópicos llenos de prejuicios pero que carecen de soporte teórico fiable. Pero para que los profesionales puedan formarse es necesario que trasciendan estos prejuicios. Prejuicios y estereotipos en todos los sentidos, que a lo largo del tiempo se han ido acumulando respecto a este mundo tachado como «mágico» de las altas capacidades, convirtiéndose en mitos que poco tienen que ver con los niñ@s y adolescentes excepcionales. Campañas publicitarias, estar de moda, generalizar, poner a todos en el mismo saco sin identificar el tipo de excepcionalidad, alarmar, presentar casos de forma sensacionalista en medios de comunicación o en las redes o publicitar artículos y libros con poca base científica han sido algunas de las causas que están detrás. A continuación, expongo algunas de estas ideas, de los mitos que se suelen utilizar —y las realidades—. Castelló y Martínez (1999) hace una agrupación por categorías; manteniendo dicha agrupación, he añadido otros estereotipos que actualmente se escuchan y comentarios aclaratorios.

Sobre la competencia escolar y habilidades

- Todos muestran alto rendimiento académico, y el mismo rendimiento alto, altísimo, en todas las áreas, con gran motivación por aprender.

- Sólo rinden en aquellas materias que les gusta.

- Su lenguaje es retórico, utilizan un lenguaje complejo.

- Existe siempre fracaso escolar.

- Siempre se aburren, son unos vagos.

- Son todos poco hábiles en los trabajos manuales.

- No siguen bien la psicomotricidad, son torpes.

- Son más bajitos que los otros, son débiles y no tienen habilidades para realizar actividades deportivas.

- No saben cantar ni siguen el compás musical.

- Como son tan inteligentes en todas las áreas, se desarrollan por sí mismos.

- Hay que elogiarlos por su inteligencia.

- La inteligencia es hereditaria, las altas capacidades son innatas.

- La inteligencia es un don.

Siempre, todos, nunca... son vocablos generalistas que inducen a pensar que, cuando hablamos de niños superdotados, están hechos con las mismas costuras. Pero las personas somos únicas y cada niño debiera ser mirado así, sin caer en determinismos que dañan más que ayudan. El alto rendimiento académico nos lo encontramos sobre todo con los talentos o con los precoces intelectualmente al principio de su desarrollo cognitivo. Son también los que suelen desmotivarse o motivarse más con las áreas de su interés. En cambio, los superdotados no suelen tener un alto rendimiento ni el mismo tipo de rendimiento en todas las materias, sino que sí disponen de un nivel elevado de recursos en las aptitudes intelectuales y estrategias para solucionar problemas complejos. Incluso a veces, se dan casos en que dominan algún área académica, pero tienen dificultades de aprendizaje en otras. Las características físicas no se correlacionan con la inteligencia. Que tengan más o menos habilidades para realizar un deporte puede depender también del propio interés. Evidentemente, los niños con un talento deportivo o musical no presentan estos síntomas de torpeza o de tener problemas para cantar. También es cierto que se dan una serie de aspectos comunes, como la inquietud intelectual, la manera de preguntar y preguntarse, el interés por la justicia, el pensamiento crítico y autocrítico, la intuición, pero no siempre es así. Por otra parte, que se considere la inteligencia como innata, implica pensar que detrás de estas afirmaciones se encuentran las teorías genetistas sobre la inteligencia, que consideran que todo es heredado. Pensar esto implica pensar que los genes de los padres se combinan y surge el superdotado y entonces la educación, la sociedad, la cultura no tienen ninguna importancia. Es cierto que la biología interviene de forma decisiva, pero sin un buen programa, estimulación y acompañamiento que se adecue a la competencia de cada uno no se obtienen resultados; que además se desarrollan por sí mismos no es así, pues muchas veces necesitan ayudas precisamente para potenciar sus capacidades y que lleguen a desarrollarse a nivel intelectual y personal. Por otra parte, si los elogiamos continuamente simplemente porque se supone que son inteligentes, puede implicar crear un tirano. Como afirman Ubieto y Pérez (2018: 131), «El elogio y el reconocimiento no están ligados a ningún esfuerzo ni mérito concreto. No es lo mismo elogiar las capacidades que los esfuerzos. No es lo mismo decir "¡qué listo es mi niño!" que decir "¡seguro que te has esforzado para hacerlo tan bien!". En el primer caso se infla el ego, en el segundo se refuerza el saber hacer».

Sobre las competencias sociales y las características emocionales

- Muestran siempre problemas de relación, de comunicación y de socialización, con sus compañeros y con los maestros.

- Siempre se relacionan mejor con personas mayores.

- Todos son líderes.

- Son solitarios, extraños, raritos, tímidos, introvertidos.

- Todos tienen gran sentido del humor.

- Siempre son muy enérgicos.

- Son hipersensibles.

- Tienen siempre problemas emocionales y adaptativos.

- Como son tan inteligentes, son más felices que el resto.

- Todos los superdotados necesitan ayuda psicológica.

▶ Tienen más incidencia que en los grupos normativos de patologías mentales.

Observamos que existen mitos que van de un extremo al otro, por ejemplo: o que son más felices o que tienen problemas emocionales. Como se ha comentado, cada persona es diferente, existen niños más hipersensibles que otros, con problemas emocionales o no, tengan o no altas capacidades. En cuanto a la incidencia de patologías mentales, no ha habido evidencias de estas relaciones (Castelló y Martínez, 1999). Sí que es cierto, no obstante, que según el tipo de excepcionalidad presentarán menos dificultades de relación hacia los iguales (superdotados, talentos verbales, artísticos, creativos, sociales), y que los talentos sociales suelen ser líderes de grupo, los que muestran más sentido del humor, y que los que presentan más dificultades de comunicación e interacción suelen ser los talentos académicos, lógicos, matemáticos y los que tienen precocidad intelectual. Con estos últimos, además, suele darse el hecho de que la autoestima caiga al final de la maduración, provocando en consecuencia algún conflicto interno que requiera acompañamiento.

Sobre la intervención psicoeducativa

▶ No es necesario realizar ningún tipo de intervención, pues ya son listos y no lo necesitan.

▶ Todos los niños tienen capacidad para ser más listos, por lo que no existen las altas capacidades y por lo tanto en la escuela no es necesario hacer nada.

▶ Como mucho, se les puede colocar en el mismo grupo de edad mental similar.

- Se les ha de frenar para que sean igual que los otros.

- No es necesario hacer programas específicos, pues de esta forma los hacemos diferentes a los otros desde la escuela, impedimos que se desarrollen normalmente como los de su misma edad y además los «agobiamos».

- Se les ha de exigir más en todas las áreas, pues si son tan inteligentes, pueden hacerlo.

- Se les ha de hiperestimular para que no pierdan sus capacidades.

- Es mejor que se reúnan entre ellos, hacer grupos de superdotados o escuelas de superdotados para que se adapten mejor y mejore su concepción de sí mismos.

- Antes de atender a estos alumnos con altas capacidades, debemos atender a los que tienen realmente «problemas», a los de altas capacidades los atenderemos si quedan recursos o tiempo.

En cuanto a la intervención, también vemos que hay extremos, desde quienes piensan que no hay que hacer ningún tipo de intervención específica a quienes consideran que es necesario hacer una hiperestimulación. Como cualquier extremo, resulta peligroso. Por un lado, con la primera opción se limitarían las posibilidades de los alumnos, y por otro, crearía una gran sobrecarga en el niño y en la familia, sin ninguna necesidad. Limitar o hiperestimular no son las intervenciones más aconsejables. Es importante resaltar que sí es cierto que hay quien tiene capacidades y hay quien tiene limitaciones, cada persona necesita desarrollar al máximo sus potenciales teniendo en cuenta sus características, pero debemos ofrecer atención a todos ellos, siendo coherentes con el principio de igualdad de oportunidades; además, la obligación del profesorado es atender las necesidades de todos para conseguir una educación de calidad y apostar por la excelencia.

Sobre otros aspectos

- No existen los superdotados, se trata simplemente de niños que están sobreestimulados.

- Las familias son los que les estimulan en exceso para que sean más listos, y como rinden más al ser tan estimulados, sufren fracaso escolar.

- Las familias se creen que sus hijos son muy listos, por eso necesitan hacerles pruebas.

- Pueden llegar a ser genios, por lo cual es necesario que los entrenemos.

- Los niños con altas capacidades, de mayores serán adultos de éxito.

- Si de pequeños no destacan, de mayores no destacarán, no tendrán éxitos o fracasarán.

- Cuanto más se trabaja, más inteligencia se crea.

- Hay más niños superdotados que niñas, y depende también de la clase social; los niños de las clases altas son los que tienen más altas capacidades.

Percepciones sobre las familias las hay en abundancia, de lo que se trata es de atender sus peticiones desde los centros educativos, pues los padres son los que debieran conocer mejor a sus hijos. Eso sí, se trata también de no crear falsas expectativas y de formar a las familias. En cuanto a predecir cómo será un niño de mayor es difícil, sí que es necesario ofrecer todas las oportunidades educativas para que se desarrolle. Por otra parte, vincular las altas capacidades con la clase social o el género es totalmente desacertado, no hay estudios que lo corroboren, las altas capacidades surgen en cualquier contexto socioeconómico. De todas formas, sí es cierto que la falta de oportunidades educativas de algunos colectivos y el acceso a ciertos servicios dificulta e impide el desarrollo de muchas personas.

Insistiendo en lo comentado, en el capítulo anterior hemos visto que en las últimas investigaciones se demuestra que no siempre deben darse *ni los aspectos asociados* comentados anteriormente ni las mismas características para tod@s. No debiéramos perder de vista que cada cual es diferente, ahí está la riqueza de la diversidad, e, insisto, aunque sí que es cierto que en muchos casos se den características similares, el hecho de homogeneizar y generalizar sería un grave error que incurriría a retroceder a épocas ya superadas, pues cada ser posee grandes potenciales a desarrollar, es único, extraordinario y necesario en nuestro planeta.

Efecivamente, cada niñ@ es únic@, y atendiendo al nuevo paradigma de la superdotación, una persona con alta capacidad intelectual posee un potencial que debe materializarse de forma progresiva a lo largo de todo su desarrollo. Y es en este punto donde tanto la educación como la conciencia social tienen un papel fundamental, ya que incidirán en su desarrollo más o menos estable hacia la excelencia (Sastre-Riba, 2014).

La evolución de un caso de posible superdotación

ゆっくり自分の道

«Step by step, your way».
«El camino de uno mismo,
con calma».

Este es el caso de un niño que vino a consulta hace ya bastantes años, unos veinte: Phi. Su caso suscitó todo mi interés y gracias a él fui guardando las anotaciones que han dado luz a este libro. También gracias a él pude comprender la situación por la que pasan muchos niños y chicas y sus familias, su inquietud, sus necesidades, sus dudas, sus fantasías, sus miedos... y en muchos casos que he tratado, el peregrinaje constante de consultas médicas, psicológicas, psiquiátricas, test, análisis, dictámenes con conclusiones poco ajustadas, etiquetadoras, inamovibles. Como pasa en la mayoría de los casos de necesidades especiales, por abajo o por arriba, el desconcierto de las familias y el agotamiento ante diagnósticos confusos es una tarea increíblemente estoica. Muchas veces, además, las familias deben hacer frente a gastos que nadie les cubre, por ese y otros motivos se organizan entre ellas y se forman las asociaciones de madres y de padres (que no es lo mismo que las AMPA),[1] los blogs y las páginas web, al ver que no obtienen una respuesta clara ante las necesidades de sus hijos —y necesidades de la propia familia— por parte de los que dicen ser expertos y, por supuesto, por parte de los pobres recursos que ofrecen las políticas educativas. A todo ello debe añadirse la falta de formación de la mayoría de profesionales desde la escuela y la necesidad subyacente a realizar una formación externa, la falta de formación en cuanto a cómo realizar la derivación de los casos y el cómo se tiene que intervenir con estos alumnos. Como me comentó una alumna en una formación que impartí hace pocos meses, las familias tienen que hacer un verdadero máster en el tema concreto ante cualquier necesidad que surja y que sea algo *diferente* a lo que es habitual. Esta madre, alumna, es profesional de la educación, pero a pesar de tener recursos y saber dónde debe acudir cuando necesita conseguir algo, su queja estaba más que justificada ante la situación que vivió. ¡Imaginaos cualquier otra familia que no tenga esos conocimientos!

Sigamos con el niño del caso, Phi. Su familia tenía dudas, ¿cómo no? Como tantas otras familias. Dudas ante la posibilidad que su hijo «tuviera» algo extraño. Se trabaja de un niño que nació unas dos semanas antes de tiempo, embarazo y parto sin incidencias. El mediano de tres hermanos. Familia con una posición socioeconómica y cultural media. Familia extensa con soportes. Sin ningún problema médico, simplemente algunos resfriados habituales de la edad. Una buena motricidad. Gateó, caminó y corrió hacia los quince meses. Extrovertido, con ganas de aventura constantemente, Un chico, psicomotrizmente activo, energético, movido, inquieto, ¡vivo!, insaciable, preguntón; de hecho, sus maestros —algunos de

---

1. Asociaciones de padres y de padres de alumnos que se organizan en los centros educativos.

ellos— se sentían demasiado «cuestionados» ante sus constantes preguntas; este efecto lo tuvo durante todos los años que acudió a la escuela primaria y secundaria, y hasta en algunos momentos puntuales en la universidad, lo cual le reportó muchos problemas a nivel de confrontaciones por parte de algunos profesores. Tenía nueve años cuando lo conocí y estuve acompañándolo hasta hace bien poco en diferentes intervalos de tiempo, sobre todo realizando un trabajo de soporte psicoemocional. La madre —y más tarde el niño— vino a consulta porque quería asesoramiento sobre su caso, quería hablar y pedir consejo, pero sobre todo hablar y escucharse sin sentirse cuestionados, atacados, como extraños en el medio de una inmensa incomprensión.

Phi había comenzado a hablar bastante pronto, con un lenguaje precoz y rico; aprendió solo a leer, a través de los rótulos de las tiendas de las calles, el *típico espabilado*, vaya. Le gustaban los animales, cuidar de ellos, decía que de mayor sería veterinario. Ya desde muy pequeño tenía diferentes formas de organizar su futuro. Aficionado a la lectura y a dibujar, hacía alguna clase de danza clásica, amante de la estética, de la belleza, le interesaban los juegos de magia, los inventos, la esgrima, pero casi nunca jugaba al balón con sus compañeros, ni a futbol ni al baloncesto, prefería juegos de rol, de estrategia, juegos de equipo como el *bote bote*,[2] el escondite o similares. Disfrutaba con juegos de construcción, especialmente el tangram, los puzles y los Lego de edades superiores. Tenía auténtica

---

2. Es un juego alternativo al escondite, que se juega con un bote (lata o botella vacía). Uno de los componentes da una patada y al que le rebota tiene que cogerla mientras los otros salen corriendo a esconderse. El que se ha quedado la lata debe ir tras los que se han escondido, y cuando ve que hay alguien que vuelve al lugar de origen, el que «para» debe decir su nombre cogiendo la lata, siendo «pillado». Si alguien vuelve y no es cogido por el que la «para» dice «bote bote por mí y por los que están pillados», y sigue el juego.

afición al Lego —y duró años—, mostrándose extremadamente motivado por acabar de construir el proyecto. Se concentraba de tal manera que no atendía ni siquiera para ir a comer o cenar, según comentaba la madre. Competitivo, le encantaban los juegos de cálculo. Tenía una habilidad excepcional —con operaciones complejas— que lo ponían en guardia, con una motivación extrema, disfrutando con la resolución, y si quedaba el primero del grupo/clase todavía se sentía mejor. La familia intentaba no alimentar este aspecto, aunque por parte de algunos maestros les agradaba en desmesura esta habilidad, causándole serios problemas de relación con sus compañeros de clase. Disfrutaba jugando al ajedrez y ganando la partida, las cuales duraban incluso horas desde que era bien pequeño. Resultaba bastante perfeccionista, le gustaba mantener el orden en su cuarto y en sus cosas y le molestaba que los demás «tocaran» sus «tesoros», como él llamaba a sus juegos.

La familia había vivido en diferentes ciudades, por lo cual había asistido a diferentes centros educativos desde la escuela infantil. No había tenido nunca problemas para socializarse, para hacerse con nuevos amigos y compañeros. Conquistaba a maestros y maestras durante los primeros años de escuela, participaba en todas las actividades de forma activa, ayudaba a los que tenían más dificultades. Le gustaba jugar en el parque, fue un chico *inquieto* desde bien pequeño, como se ha comentado ya; su objetivo era subirse a los toboganes y tirarse por ellos, balancearse en las mollas y en los columpios, bien alto, siempre bien alto, sin miedo. Hoy en día quizá se le tildaría de niño «hiperactivo», por *lo* movido e inquieto. Pero en un niño es lo que toca, que sea movido e inquieto, ¿no? Si no, es cuando debiéramos preocuparnos. Aunque en la sociedad actual parece que eso implica que se tenga que *matar* esa *inquietud*, ese movimiento, y así surgen etiquetas como la de «hiperactivo», y el diagnóstico que está de moda en

TDAH: trastorno de déficit de atención con hiperactividad. Es alarmante el constante aumento de diagnóstico de casos al que hemos llegado hoy en día, así como el aumento de medicación en nuestro entorno en estos casos: «Hay datos hoy en día que indican que, en España, entre 2000 y 2012 se multiplicaron por treinta los diagnósticos de TDAH. En Cataluña, en 2013 se detectaron 13.738 nuevos casos. [...] En lo que se refiere a la medicación, en España más de 250.000 niños (entre 3-7 por ciento en niños y adolescentes) toman psicoestimulantes. En Catalunya, un 3,7 por ciento de los niños tienen prescrita medicación, y si nos referimos a la adolescencia (12-15 años), alcanza en 5,5. [...] Muchos de los estudios calculan que entre el 30 y 50 por ciento de los individuos diagnosticados de TDHA en la infancia sigue con esa sintomatología en la vida adulta. Aun así, algunos expertos se lamentan de que sólo el 20 por ciento de los adultos, presuntos hiperactivos, y el 50 por ciento de los niños hiperactivos reciban medicación. Llama la atención que, en países como Francia o Suecia, el uso del metilfenidato, psicoestimulante prescrito para el TDAH, es prácticamente nulo» (Ubieto y Pérez, 2018: 86-87).

Es alarmante también que en los diagnósticos se recomiende realizar terapias psicoeducativas y además se decida medicar siempre. Por ejemplo, y como afirman los autores (2018: 95), la Agencia de Calidad Sanitaria de Catalunya afirma que hay un sobrediagnóstico y que la medicación suele ser la más utilizada antes que realizar otros abordajes de tipo educativo, familiar y psicológico. La familia acude muchas veces a un médico derivados por la escuela o porque ellos mismos lo piden al ver que el pequeño (ya se realiza esta práctica desde educación infantil) es *movido* y no hace caso en clase, no atiende a la maestra o maestro. Según afirman Ubieto y Pérez (2008: 85): «El diagnóstico de TDAH, empezando por el DSM, es una falacia sin más pruebas que los criterios señalados. [...] De hecho, no existe ningún marcador o prueba clínica específica de valor diagnóstico. Lo que existe es una parafernalia clínica de aplicación de pruebas, que, si algo encontrara, sería otra cosa, no el TDAH. Lo que sí tiene el clínico específicamente en relación con el TDAH es el poder de legitimación del diagnóstico, un poder institucional, no un saber clínico especializado. Esto no quiere decir que no estemos hablando de ningún problema. Pero un problema no es una enfermedad».

Sigamos con el caso. Durante los dos primeros años de primaria, Phi estuvo en una escuela en la que todo eran retos para él. Una escuela privada, competitiva, donde los niños brillantes alcanzaban grandes metas. Durante ese tiempo él fue feliz, competía entre sus compañeros, ganaba los concursos, tenía premios constantemente, los maestros lo animaban y él se sentía el rey. Pero el esfuerzo no era visible, esos elogios constantes por parte de esos maestros, elogios simplemente a sus resultados y no a sus esfuerzos (tuvo siempre recursos, pero los pocos hábitos de estudio hicieron que sus notas se vieran comprometidas en la ESO). Como resultado, Phi se volvió bastante egocéntrico, soberbio respecto a sus otros iguales y a sus hermanos, hasta conseguir que nadie quisiera jugar con él, y ahí vino su desesperación: no entendía nada, se empezó a desmotivar, a aburrir —pues no quería destacar para que así lo aceptaran en el grupo—, y a desconectar, creándose un rico mundo interior.

En tercero de primaria hubo otro cambio de centro, la familia se trasladó a una población cerca de una gran ciudad. La escuela era pública de nueva creación, de dos líneas, con un proyecto educativo interesante. Se situaba frente a un parque donde se hacían actividades y estaba muy cerca del domicilio, pero el nivel académico no era tan alto y él, a pesar de hacer amigos y sentirse muy bien con el grupo, empezó a desmotivarse, sentía que no aprendía. Cuando la maestra hacía preguntas él contestaba sin dudar, por lo cual los compañeros comenzaron a mirarlo como el «listo de la clase», etiquetas habituales que a su corta edad ya había escuchado en diferentes entornos, como bicho raro, rebelde... pero de momento lo admiraban. La familia insistió en que desde la escuela se le hiciera algo, pues él no estaba bien; una adaptación a sus necesidades, que pudieran ofrecerle alguna actividad diferente y los recursos que necesitaba, y tras mucho insistir y gracias a la sensibilización de su tutora, consiguieron que el equipo de asesoramiento psicopedagógico administrara algunas pruebas. Se optó por aplicar simplemente la Escala de Inteligencia Wechsler-R para niños, para valorar su desarrollo cognitivo, y consiguió una puntuación total de 134, situándose por encima de la media tanto en el área verbal (110 sobre 50) como en el área manipulativa (132 sobre 74), aunque la puntuación obtenida en el área manipulativa era superior, siendo por tanto su perfil sensiblemente disarmónico. En el área verbal destacaba especialmente en el vocabulario, en comprensión, información y semejanzas, así como en la concentración y memoria auditiva, razonamiento y cálculo numérico, que se situaban significativamente por encima de la media. En cuanto al área manipulativa, las habilidades destacadas eran la memoria y la agudeza visual, la percepción y comprensión de situaciones sociales, la memoria de formas, orientación y estructuración espacial. La memoria visual inmediata, la previsión asociativa, la rapidez motora, percepción visual, relaciones espaciales y coordinación visomotora se situaban muy por encima.

Con esa valoración psicopedagógica se concluyó que Phi mostraba altas capacidades cognitivas, facilidad para realizar los aprendizajes escolares, aunque no se podía hablar de sobredotación intelectual pues su perfil se consideraba disarmónico. Se observaba buenos hábitos de trabajo, interés y muchas ganas de aprender, colaborador y muy participativo en clase y con sus compañeros. Sus puntos fuertes se situaban en las habilidades matemáticas y creativas. Especialmente, el razonamiento concreto y generalizador se encontraba muy por encima de lo habitual. Manifestaba una excelente memoria visual y auditiva, mucha facilidad en el razonamiento y el cálculo numérico y sobre todo mucha facilidad para relacionar conocimientos nuevos con los previos. Adecuado desarrollo emocional y buenas habilidades sociales. Las orientaciones a nivel curricular «recomendaban» adoptar medidas de enriquecimiento del currículo que le permitieran profundizar, especialmente en el área matemática, y establecer el mayor número posible de vinculaciones entre contenidos. Se recomendaba también ayudarlo a establecer una buena seguridad emocional, fomentando la interacción con los compañeros, participando en actividades de grupo con sus iguales dentro y sobre todo fuera de la escuela para realizar las actividades extraescolares.

No obstante, ante este diagnóstico hubiera sido interesante optar por observaciones directas, del entorno, del contexto, así como otras pruebas iniciales complementarias, tanto por parte de los profesionales como por parte de la familia y del propio chico. Actualmente apuntaríamos hacia este tipo de pruebas, a pesar de que todavía en pocos centros educativos son conocidas.

Por ejemplo, tal y como propone el Instituto internacional de altas capacidades (y por el Institut Català d'Altes Capacitats en Catalalunya), hay unos test para realizar la detección inicial interesantes de conocer, pueden ser consultadas en la página web: http://www.altascapacidades.es/insti-internacional/pagina/La_Deteccion/Individual.html (y en catalán: http://altascapacidades.es/instisuper/links_indice_general/a2_c1.html).

En este caso, podríamos haber escogido inicialmente el cuestionario general y después el cuestionario de 9 a 14, con las preguntas que se muestran a continuación en las tablas 4 y 5:

Tabla 4. Cuestionario general de detección MEC. Cuestionario general para todas las edades

CUESTIONARIO GENERAL PARA TODAS LAS EDADES DEL MEC

Nombre del niño/a: ....

Fecha de nacimiento ....   Centro escolar: ....

Nivel ....   Clase ....

Dirección ....

Población: ....   Fecha: ....

PRIMERA PARTE. (Para todas las edades)

Marque todos los aspectos en los que el niño/a se manifiesta claramente.

CUESTIONARIO GENERAL	
Tiene mucha imaginación y es muy creativo.	
Manifiesta una gran riqueza de ideas.	
Aprende rápidamente y con facilidad.	
Muestra una enorme curiosidad por un amplio espectro de temas, formulando numerosas preguntas, que en ocasiones sorprenden por su contenido.	
Presenta una gran habilidad para organizar datos.	
Formula problemas espontáneamente.	
Tiene una gran habilidad para la transferencia de ideas en diferentes contextos.	
Tiene gran capacidad de abstracción.	

DESARROLLO DEL LENGUAJE	
Dijo la primera palabra a los 6 meses.	
Dijo la primera frase a los 12 meses.	
Mantuvo una conversación a los 24 meses.	
Tuvo un vocabulario avanzado a los 24 meses.	
Preguntaba por las palabras nuevas que no conocen a los 3 años.	
Conocía y manejaba parentescos (hermanos, tíos, abuelos, etc.) a los 2,5 años.	

DESARROLLO COGNITIVO	
Dibujaba la figura humana (cabeza, tronco y cuatro extremidades) a los 2,5 años.	
Contaba hasta 10 a los 2,5 años.	
Hacía un puzle de 20 piezas a los 2,5 años.	
Leía cifras de cinco o más dígitos a los 5 años.	
Manejaba el reloj (identificando horas, medias y cuartos en sistema analógico) a los 5 años.	
Estaba muy interesado por lo que le rodea, preguntaba por el origen de las cosas y curiosidad y deseo de aprender «todo» desde los 2 años.	
Aprendía los colores (al menos 6) a los 18 meses.	
Conocía el abecedario en mayúsculas (al menos 18 letras).	
Leía un libro con facilidad a los 4 años.	
Conocía el nombre y apellidos de todos los niños de la clase en el primer trimestre del curso.	
Memorizaba cuentos, canciones y oraciones a los 2,5 años.	
Se interesaba por la ortografía de las palabras a los 4 años.	
Veía películas de vídeo a los 2,5 años.	

AUTOAYUDA	
Aprendió a mantenerse limpio al 1,5 (control de esfínteres diurno y nocturno).	
Eligió su propia ropa a los 3 años.	
Se vestía y desvestía completamente a los 4 años.	

SOCIALIZACIÓN	
Seguían sus juegos y es invitado por lo menos al 75% de los cumpleaños de los niños de la clase a los 6 años.	
Se relacionaba con personas mayores y le gusta jugar con niños mayores que él a los 4 años.	
Tenía dificultades en la relación con sus iguales a los 4 años.	

SEGUNDA PARTE. (Para niños/as que hayan cumplido los 6 años)

Si el niño/a tiene una edad superior a 6 años, continúe el cuestionario hasta el final.

ASPECTOS INTELECTUALES / COGNITIVOS	
Aprendió a leer antes de los 6 años, incluso antes de acudir a la escuela infantil.	
Disfruta leyendo libros y cuentos de forma rápida, «devoradores de libros».	
Tiene mucho interés por consultar enciclopedias y diccionarios.	
Comprende y maneja ideas abstractas y complejas.	
Capta de manera rápida las relaciones (comprende con rapidez)	
Conoce y domina un amplio vocabulario altamente avanzado para su edad, tanto en su nivel comprensivo como expresivo.	
Aprende con rapidez y comodidad los aspectos y tareas difíciles y sabe «transferirlo» a situaciones nuevas.	
Le interesan los problemas transcendentales.	
Rechaza las actividades de «rutina».	
Suele preguntar el porqué de todas las cosas (posee una gran curiosidad).	
Tiene gran facilidad para concentrarse y detesta ser interrumpido.	
Hace gala de su mala caligrafía (su mente suele ir más rápida que su mano).	

ASPECTOS RELACIONADOS CON LA CREATIVIDAD	
Le gusta la creatividad emocional y la estimulación divergente.	
Tiene sentido (talento) estético y desarrolla actividades artísticas, culturales o deportivas.	
Suele tener uno o algunos *hobbies*, siendo sus dibujos, experimentos, no juegos, muy originales, creativos e inusuales para su edad.	
Suele poseer un buen sentido del humor e imita a personajes cómicos.	
Disfruta de una gran imaginación y fantasía.	
Sus pensamientos e ideas son flexibles. No son rígidas.	
Muestra un alto grado de sensibilidad hacia el mundo que le rodea.	

ASPECTOS ACTITUDINALES Y SOCIALES	
Es generoso y altruista.	
Le gusta trabajar solo.	
Es independiente y autocrítico.	
Se siente seguro y persuasivo.	
Es aceptado y tiene popularidad entre los compañeros y amigos.	
Con frecuencia suele ser el líder de su clase o de sus grupos de amigos, desde edades tempranas.	
No soporta las imposiciones no razonadas.	
Es sensible ante la injusticia, independientemente de quien sea el perjudicado.	
Es muy sensible y receptivo a los problemas relacionados con la moralidad y la justicia.	
En sus tareas intra-extraescolares, si son de su interés, es perfeccionista y perseverante.	
Su peculiar sentido del humor a veces no es bien comprendido por los demás.	
Se manifiesta «despistado» cuando no le interesa alguna persona o cosa.	
Le gusta relacionare con los adultos en actividades y juegos de «interior», y con «sus iguales», de «exterior».	
Suele ser «crédulo» (que no significa «ingenuo») y confiado.	
Necesita tener éxito y ser reconocido.	
Le molesta la inactividad y la falta de progreso.	
Posee capacidad de liderazgo. Observa a los «jefes» de las pandillas o grupos.	
Tiene necesidad de poder formar grupos heterogéneos (por capacidades o intereses) independientemente de la edad cronológica que tenga. Tienen necesidad, por tanto, de que se le proporcionen «grupos de encuentro» para desarrollar sus potencialidades, tanto cognitivas como de «ocio y tiempo libre».	

Observaciones

CUESTIONARIO COMPLEMENTARIO

MARQUE CON UNA CRUZ UNA DE LAS CUATRO VARIABLES	Nunca	A veces	En cierto modo	Siempre
Es muy movido, pero no se trata de un exceso de actividad gratuita.				
Comprende ideas difíciles para niños de su edad.				
Quiere profundizar en el conocimiento del mundo que le rodea.				
Es muy evidente que disfruta soñando despierto.				
Le gusta «ser diferente».				
Cree que la gente debería preocuparse más por la gente.				
No se muestra cohibido, sino abierto con los adultos; en realidad los prefiere a los niños.				
Cuando se le prohíbe una cosa en especial, mi hijo porfía por hacerla.				
Su capacidad podría despertar la envidia de los demás niños.				
Muestra una fuerte inclinación por las actividades académicas.				
Le gusta resolver rompecabezas difíciles para otros niños.				

MARQUE CON UNA CRUZ UNA DE LAS CUATRO VARIABLES	Nunca	A veces	En cierto modo	Siempre
Usa un vocabulario nada frecuente para su edad.				
No le molesta en absoluto quedarse solo.				
Me ha contado sus sueños sin titubeos.				
Pasa largos ratos estudiando sin que nadie se lo diga.				
Está ansioso por aprender.				
Le gusta aprender sobre hombres y mujeres célebres por sus ideas en temas diversos.				
Piensa con independencia.				
Es más sensible que la mayoría del mundo que le rodea.				
Hace mucho más de lo que se espera de él.				
No parece sufrir ansiedad ni pequeños temores.				
Es capaz de expresar con libertad opiniones impopulares.				
No lo ha pasado bien en la escuela en ciertos aspectos.				
Le encanta demostrar las cosas.				
Le encanta desmontar las cosas para ver cómo funcionan.				
Empezó a dibujar y leer muy pronto.				
Utiliza su soledad de forma constructiva.				
Parece captar ideas abstractas desde temprana edad.				
Da la impresión de que «las caza al vuelo».				
Es locuaz.				
Siente curiosidad insaciable.				

Fuente: Libro Alumnos Precoces, Superdotados y Altas Capacidades, *editado por el Ministerio de Educación.*

Tabla 5. Cuestionario de valoración para detectar alumnos con altas capacidades de 9 a 14 años

CUESTIONARIO DE VALORACIÓN PARA DETECTAR ALUMNOS CON ALTAS CAPACIDADES DE 9 A 14 AÑOS

Nombre del niño/a: ....   Fecha de nacimiento: ....

Centro escolar: ....   Nivel ....

Clase ....   Población: ....

Fecha: ....

Puntuación: Cada ítem se ha de puntuar entre las 4 posibilidades.
1 = nunca   2 = casi nunca   3 = normalmente
4 = siempre o casi siempre   5 = siempre

	INDICADORES	VALORACIÓN
1	Se desenvuelve en situaciones cotidianas con una soltura inesperada y admirable.	1 2 3 4 5
2	Tiene sentido del humor.	1 2 3 4 5
3	Demuestra un espíritu observador agudo y despierto.	1 2 3 4 5
4	Es atento y detallista en el trato.	1 2 3 4 5
5	Considera las situaciones problemáticas como un reto.	1 2 3 4 5
6	Demuestra curiosidad por saber de todo, incluso lo que no se da en clase.	1 2 3 4 5
7	Es muy sensible ante las injusticias, los fracasos y la incomprensión.	1 2 3 4 5
8	Es persistente o perfeccionista en las tareas que emprende.	1 2 3 4 5
9	Sus intereses son múltiples o variados.	1 2 3 4 5
10	Entre sus compañeros sobresale porque comprende las explicaciones y las asimila con rapidez.	1 2 3 4 5
11	Prefiere relacionarse con mayores.	1 2 3 4 5
12	Con frecuencia vive absorto/a en su mundo interior, como distraído.	1 2 3 4 5
13	Sobresale por su disponibilidad y responsabilidad en las tareas de grupo.	1 2 3 4 5

	INDICADORES	VALORACIÓN				
14	Su comprensión es global. Diferencia con facilidad lo principal de lo secundario.	1	2	3	4	5
15	Resuelve con rapidez y acierto problemas.	1	2	3	4	5
16	Utiliza y organiza diferentes estrategias para estudiar y aprender.	1	2	3	4	5
17	Se organiza de forma que saca tiempo para todo.	1	2	3	4	5
18	Su vocabulario y fluidez verbal son ricos y elaborados para su edad.	1	2	3	4	5
19	Le apasiona la lectura, devora cuentos y libros.	1	2	3	4	5
20	Sus preguntas son incisivas.	1	2	3	4	5
21	Tiene una imaginación desbordante y creativa.	1	2	3	4	5
22	Se aburre y muestra desgana en clases repetitivas o rutinarias.	1	2	3	4	5
23	Es muy maduro/a para su edad.	1	2	3	4	5
24	Si está concentrado/a le molesta que le interrumpan.	1	2	3	4	5
25	Transfiere con facilidad los conocimientos y las estrategias aprendidos a otros contenidos y situaciones, estableciendo conexiones o enlaces.	1	2	3	4	5
26	Capta con perspicacia las motivaciones de la gente, sus puntos débiles, sus necesidades y comprende sus problemas.	1	2	3	4	5
27	Reproduce con exactitud los contenidos aprendidos.	1	2	3	4	5
28	Posee amplia información sobre ciertos asuntos que no son propios de su edad.	1	2	3	4	5
29	No suele satisfacerle el resultado o el ritmo de su trabajo. Siempre está seguro/a de que puede y debería mejorarlo.	1	2	3	4	5
30	Recibe poca ayuda del profesor en sus tareas. Es autosuficiente.	1	2	3	4	5
PUNTUACIÓN TOTAL						

Fuente: Dra. Luz Pérez, (2007). Catedrática de Psicología de la Universidad Complutense de Madrid. Miembro del Consejo Superior de Expertos en Altas Capacidades, y Carmen López.

Además, se muestran las siguientes tablas específicas para niños a partir del Ciclo medio de primaria, en la tabla 6a y 6b los cuestionarios para la detección de la inteligencia múltiples, la primera para familias y maestros y la segunda para el alumno; las tablas 7, 8 y 9 para la detección de capacidades, la primera para familias y maestros y la segunda para el chico:

Tabla 6a. Cuestionario de detección de las inteligencias múltiples. Cuestionario de valoración para familias, maestros y profesores

DETECCION DE LAS INTELIGENCIAS MÚLTIPLES.
CUESTIONARIO DE VALORACIÓN PARA LOS MAESTROS,
PROFESORES Y PADRES

Nombre y Apellidos: .... Edad: ....

Curso: ....Centro: ....

Fecha: ....

Puntuación: Cada ítem se ha de puntuar del 1 al 10. El valor 1 indica que está en desacuerdo y el valor 10 manifiesta que está completamente de acuerdo.

INTELIGENCIA LINGÜÍSTICA	
Escribe mejor que la media de su edad, con claridad, agudeza, realismo.	
Explica historias, relatos, cuentos y chistes con precisión.	
Tiene buena memoria para recordar nombres, fechas, poemas.	
Le gustan los juegos de palabras y los pasatiempos: sopa de letras, crucigramas.	
Disfruta mucho leyendo.	
Tiene un vocabulario muy esmerado y avanzado para su edad.	
Disfruta escuchando, cuando hablan los adultos.	
Mantiene la atención del grupo mientras habla.	
Se comunica con los otros con un buen nivel verbal, de forma clara y concisa.	
Le es fácil extraer la idea principal de un texto o resumir un cuento.	
Total puntos	

INTELIGENCIA LÓGICO-MATEMATICA	
Es capaz de resolver rápidamente cálculos mentales.	
Entiende con facilidad el lenguaje matemático.	
Razona bien y tiene sentido común.	
Es capaz de calcular aproximadamente lo que valen las cosas.	
Busca programas de matemáticas en el ordenador.	
Tiene facilidad para resolver problemas de dos o tres formas diferentes.	
Le gusta la asignatura de matemáticas.	
Es capaz de inventar problemas con una solución dada.	
Piensa de una forma abstracta o conceptual superior al resto de alumnos.	
Disfruta jugando al ajedrez u otros juegos de estrategias.	
Total puntos	

INTELIGENCIA VISUAL-ESPACIAL	
Disfruta realizando puzles, laberintos, o actividades visuales parecidas.	
Le gusta mucho dibujar y pintar.	
Comprende mejor las explicaciones a través de mapas conceptuales, gráficos, tablas.	
Le es fácil interpretar y leer mapas y diagramas.	
Disfruta imaginando ideas y dibujos de forma variada.	
Le gusta ver películas, diapositivas, power points y otras representaciones visuales.	
Aprende mejor las cosas a través de imágenes.	
Le divierten los puzles y rompecabezas en tres dimensiones.	
Dibuja figuras muy avanzadas para su edad.	
Hace construcciones tridimensionales con facilidad.	
Total puntos	

INTELIGENCIA CINÉTICO-CORPORAL	
Disfruta mucho con las manualidades.	
Es una persona activa y le gusta el movimiento.	
Muestra habilidad en la coordinación visual-motora.	
Le gusta el deporte y jugar al aire libre.	
Son importantes para el/ella las habilidades artísticas: la danza, el teatro y el mimo.	
Imita inteligentemente los gestos y movimientos característicos de los otros.	
Se divierte con los juegos tradicionales o multiculturales.	
Le gusta deshacer las cosas y volverlas a montar.	
A menudo toca lo que ve.	
Sobresale en algún deporte.	
Total puntos	

INTELIGENCIA MUSICAL	
Aprende los ritmos fácilmente.	
Le gustaría tocar un instrumento.	
Es capaz de diferenciar los ruidos ambientales.	
Canta canciones aprendidas fuera de la escuela.	
Sabe diferenciar la música cuando suena bien o está desafinada.	
Tiene una manera rítmica de hablar y de moverse.	
Tiene buena voz para cantar.	
Le resulta fácil poner ritmo a un poema o cambiar la letra de una canción.	
Le gusta todo tipo de música y busca ocasiones para escucharla.	
Recuerda fácilmente las melodías y canciones.	
Total puntos	

INTELIGENCIA NATURALISTA	
Le interesan los documentales que hacen referencia a la naturaleza.	
Le gustan las salidas culturales que tienen relación con el medioambiente.	
Formula preguntas y busca información adicional sobre un tema trabajado.	
Tiene facilidad para clasificar objetos según sus propiedades físicas y materiales.	
Los animales son importantes para él/ella.	
Le gusta hacer experimentos y observar las transformaciones que se producen.	
Es capaz de prever el resultado de las experiencias antes de hacerlas.	
Tiene un gran conocimiento sobre temas relacionados con las ciencias naturales.	
Detalla sus explicaciones sobre el funcionamiento de las cosas.	
Disfruta en las clases de conocimiento del medio.	
Total puntos	

INTELIGENCIA INTERPERSONAL	
Le resulta agradable la convivencia con los otros.	
Le gusta conversar y hablar con todo el mundo.	
Aprende mejor en grupo.	
Parece un líder natural.	
Le gusta ayudar a los otros y resolver sus problemas.	
Tiene dos o más amigos íntimos.	
Le gusta conocer nuevos amigos.	
Comparte su tiempo enseñando informalmente a los otros.	
Disfruta jugando con los otros compañeros.	
Los compañeros de la clase buscan su compañía.	
Total puntos	

INTELIGENCIA INTRAPERSONAL	
Manifiesta un gran sentido de independencia.	
Tiene un sentido realista de sus virtudes y defectos.	
Trabaja y estudia bien estando solo.	
Expresa con claridad sus sentimientos: alegría, tristeza...	
Se esfuerza cuando cree que una cosa vale la pena.	
Tiene una buena autoestima.	
Necesita saber el porqué de las cosas.	
Es capaz de aprender de sus éxitos y fracasos en la vida.	
Manifiesta una gran fuerza de voluntad y capacidad por automotivarse.	
Tiene alguna afición de la cual no habla mucho con los demás.	
Total puntos	

INTELIGENCIA EXISTENCIAL O ESPIRITUAL	
Le despierta interés pensar qué hay después de la vida y de la muerte.	
Quiere saber por qué vivimos, pensamos, amamos.	
Pregunta si hay alguien superior a los seres humanos.	
Quiere colaborar para hacer un mundo mejor sin guerras, lleno de amor y en paz.	
Pregunta cómo nacen, crecen y viven las personas, los animales y las plantas.	
Está preocupado/a por la muerte de las personas que quiere.	
Hace el esfuerzo de mejorar cada día y dedica parte de su tiempo a la ayuda a los demás.	
Aprecia y ayuda los compañeros más desvalidos.	
Pregunta si son los científicos y científicas quienes se preocupan y gobiernan nuestro planeta.	
Tiene necesidad de querer y ser querido.	
Total puntos	

Fuente: M. Teresa Gómez Masdevall, Walter McKenzie.

Supermentes

Tabla 6b. Cuestionario de detección de las inteligencias múltiples. Cuestionario de valoración para familias, maestros y profesores

HOJA DE RECOGIDA DE LA PUNTUACIÓN DEL CUESTIONARIO DEL MAESTRO/A Y PADRES O TUTORES

Del alumno/a .... Fecha ....

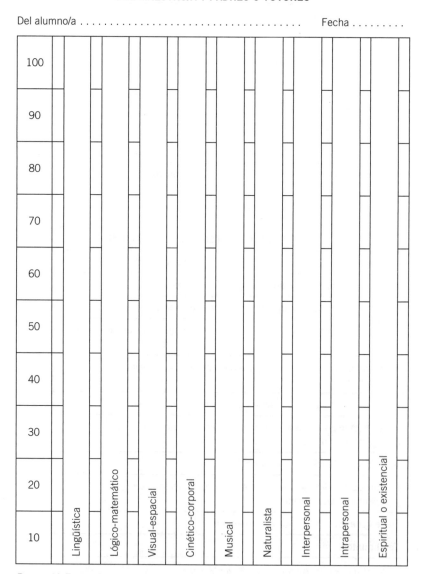

Fuente: M. Teresa Gómez Masdevall.

Tabla 7a. Cuestionario de detección de las inteligencias múltiples. Cuestionario de valoración para el mismo alumno

DETECCION DE LAS INTELIGENCIAS MÚLTIPLES. CUESTIONARIO DE VALORACIÓN PARA EL ALUMNO/A

Nombre y Apellidos: .... Edad: ....

Curso: ....Centro: ....

Fecha: ....

Puntuación: Cada ítem se ha de puntuar del 1 al 10. El valor 1 indica que está en desacuerdo y el valor 10 manifiesta que está completamente de acuerdo.

INTELIGENCIA LINGÜÍSTICA	
Me gusta mucho leer.	
Tengo mucha facilidad para escribir.	
Me resulta fácil explicar mis ideas a los otros.	
Me gusta resumir y sacar conclusiones de una lectura.	
Disfruto comunicándome con mis amigos, por el móvil o internet.	
Tengo buena memoria para recordar nombres, fechas, lugares.	
Me interesa aprender idiomas.	
Son muy divertidos para mí los pasatiempos: sopa de letras, crucigramas.	
Disfruto escuchando cuando hablan las personas.	
Tengo facilidad para exponer temas, explicar chistes y cuentos ante los otros.	
Total puntos	

INTELIGENCIA LÓGICO-MATEMÁTICA	
Me es fácil resolver problemas.	
Realizo cálculos mentales rápidamente.	
Me gustan los rompecabezas que me hacen pensar.	
Soy capaz de calcular aproximadamente lo que valen las cosas.	
Busco programas de matemáticas en el ordenador.	
Tengo facilidad para resolver problemas de dos o tres formas diferentes.	
Me ayuda a tener éxito el ser organizado y ordenado.	
Me gusta inventar problemas con una solución dada.	
Tengo facilidad para relacionar objetos reales con figuras geométricas.	
Disfruto calculando distancias entre un lugar y otro.	
Total puntos	

INTELIGENCIA VISUAL-ESPACIAL	
Me gusta cambiar el orden y la decoración de mi habitación.	
Me divierte dibujar y pintar.	
Comprendo mejor las explicaciones a través de mapas conceptuales, gráficas, tablas.	
Me es fácil interpretar y leer mapas y diagramas.	
Disfruto imaginando ideas y dibujos de forma variada.	
Me gusta ver películas, diapositivas, power points y otras representaciones visuales.	
Aprendo mejor las cosas a través de imágenes.	
Me divierten los rompecabezas en tres dimensiones.	
Siempre que puedo, hago dibujos en libros y cuadernos.	
Me gusta hacer construcciones con cubos.	
Total puntos	

INTELIGENCIA CINÉTICO-CORPORAL	
Me gustan mucho las manualidades.	
Soy una persona activa y me gusta el movimiento.	
Me cuesta estar sentado mucho tiempo.	
Me gusta el deporte y jugar al aire libre.	
Son importantes para mí las habilidades artísticas: la danza, el teatro y el mimo.	
Tengo facilidad para imitar los gestos y movimientos característicos de los otros.	
Valoro la expresión de las personas: gestos, miradas.	
Me gusta deshacer las cosas y volverlas a montar.	
Necesito tocar las cosas para aprender, no tengo bastante con mirar.	
Sobresalgo en algún deporte.	
Total puntos	

INTELIGENCIA MUSICAL	
Aprendo fácilmente los ritmos.	
Me gusta tocar un instrumento.	
Soy capaz de diferenciar los ruidos ambientales.	
Me gusta trabajar con música ambiental.	
Sé diferenciar la música cuando suena bien o está desafinada.	
Canto mientras hago cosas.	
Querría cantar en un coro.	
Me resulta fácil poner ritmo a un poema o cambiar la letra de una canción.	
Me gusta todo tipo de música.	
Recuerdo fácilmente las melodías y canciones.	
Total puntos	

Supermentes

INTELIGENCIA NATURALISTA	
Me interesan los documentales que hacen referencia a la naturaleza.	
A menudo hago actividades al aire libre.	
Me divierte ir de camping y hacer excursiones por la montaña.	
Tengo facilidad para clasificar animales, plantas y minerales.	
Respeto los animales como si fueran mi mascota.	
Me gusta hacer experimentos y observar las transformaciones que se producen.	
Respeto las plantas.	
Creo que es necesario proteger los parques naturales.	
Reciclo los envases, el vidrio, el papel...	
Me lo paso bien estudiando el conocimiento del medio.	
Total puntos	

INTELIGENCIA INTERPERSONAL	
Tengo dos o más buenos amigos.	
Me gusta conversar y hablar con todo el mundo.	
Aprendo mejor en grupo.	
Disfruto haciendo trabajos en equipo.	
Me gusta ayudar a los otros y estar atento a sus necesidades.	
Me preocupan los problemas de mi familia.	
Me gusta conocer nuevos amigos.	
Soy feliz cuando puedo reír y pasarlo bien, sin reírme de los compañeros.	
El deporte en equipo es divertido.	
Los compañeros de la clase buscan mi compañía.	
Total puntos	

INTELIGENCIA INTRAPERSONAL	
Soy prudente y procuro no molestar a los otros.	
La justicia es importante para mí.	
Aprendo de mis errores.	
Me gusta conocer los comentarios que los otros hacen de mí.	
Me esfuerzo cuando creo que una cosa vale la pena.	
Expreso fácilmente mis sentimientos: alegría, tristeza...	
Necesito saber el porqué de las cosas.	
Colaboro en la ayuda a niños necesitados, según mis posibilidades.	
Soy consciente de mis cualidades y de mis carencias.	
Estoy contento de ser cómo soy y de hacer lo que hago.	
Total puntos	

INTELIGENCIA EXISTENCIAL O ESPIRITUAL	
Me despierta interés pensar qué hay después de la vida y de la muerte.	
Querría saber por qué vivimos, pensamos, amamos.	
Pienso que hay alguien superior a nosotros.	
Perdono fácilmente a los compañeros y recuerdo siempre las cosas buenas que me han hecho.	
Me sorprende pensar cómo nacen, crecen y viven las personas, los animales y las plantas.	
Cuando estoy solo y en silencio pienso en quién ha hecho este mundo.	
En la muerte de una persona estimada recuerdo las cosas buenas que ha hecho.	
Cada día es para mí una nueva oportunidad para poder hacer el bien y ayudar los otros.	
Ante la muerte de una persona pienso en dar gracias por haberla conocido.	
Dentro de mí siento la necesidad de querer y ser querido.	
Total puntos	

Fuente: M. Teresa Gómez Masdevall y Walter McKenzie.

Tabla 7b. Cuestionario de detección de las inteligencias múltiples. Cuestionario de valoración para el mismo alumno

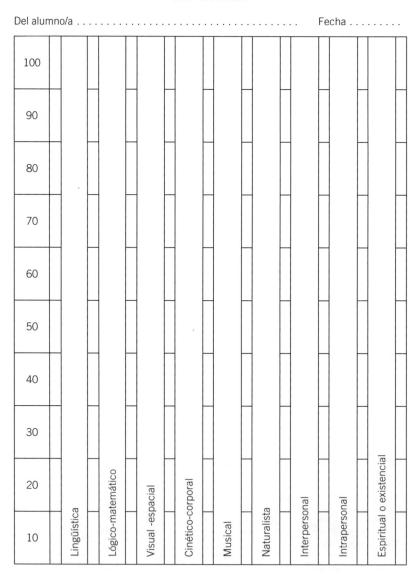

Fuente: M. Teresa Gómez Masdevall.

Tabla 8a. Cuestionario de detección de las capacidades. Cuestionario de valoración para padres y profesores

DETECCIÓN DE CAPACIDADES. CUESTIONARIO DE VALORACIÓN PARA MAESTROS, PROFESORES Y PADRES

Nombre y Apellidos: .... Edad: ....

Curso: ....Centro: ....

Fecha: ....

Puntuación: Cada ítem se ha de puntuar del 1 al 10. El valor 1 indica que está en desacuerdo y el valor 10 manifiesta que está completamente de acuerdo.

APRENDIZAJES	
Aprende con mucha facilidad y rapidez.	
Es muy observador/a.	
Tiene mucha memoria y retiene la información que le llega.	
Adquiere mucha información sobre temas que son de su interés.	
Tiene habilidades para transferir los aprendizajes a otras situaciones.	
Hace muchas preguntas interesantes y no habituales sobre un tema.	
Es capaz de hacer generalizaciones.	
Tiene buena predisposición hacia los aprendizajes.	
Muestra gran capacidad de atención.	
Presenta mucha curiosidad intelectual.	
Total puntos	

CREATIVIDAD	
Tiene un elevado sentido del humor.	
Le gusta experimentar nuevas maneras de hacer las cosas.	
Da respuestas inteligentes, inusuales y únicas.	
Es original, innovador en sus puntos de vista.	
Tiene capacidad para dar varias respuestas ante un problema.	
Sus escritos y dibujos son originales y con una gran riqueza productiva.	
Tiene predisposición a la fantasía y habilidad para imaginar.	
Muestra tendencia a ver con humor situaciones que no parecen cómicas.	

Es inconformista.	
Tiene flexibilidad por el cambio y para adaptarse a nuevas reglas.	
Total puntos	

MOTIVACIÓN	
Es persistente para conseguir sus objetivos.	
Tiene un interés mantenido por ciertos temas y problemas.	
Hace siempre muchas preguntas para satisfacer su curiosidad.	
Le gusta saber cómo funcionan las cosas.	
Está motivado por la tarea escolar.	
Toma la iniciativa para hacer las cosas.	
Disfruta aprendiendo por el solo hecho de aprender.	
Ve los problemas como un reto y le gusta encontrar las soluciones.	
Necesita poca motivación externa para hacer un trabajo que le gusta.	
Tiene habilidad para concentrarse intensamente durante un largo período de tiempo.	
Total puntos	

PSICOMOTRICIDAD	
Es muy habilidoso para los deportes.	
Tiene una buena motricidad fina.	
Presenta una buena coordinación de movimientos.	
Mantiene un buen equilibrio.	
Se mueve con elegancia.	
Es ágil.	
Le gusta un deporte determinado.	
Le gustan todos los juegos de movimiento.	
Utiliza gestos y expresiones faciales con gracia y facilidad para comunicarse.	
Los compañeros lo quieren en su equipo.	
Total puntos	

PERSONALIDAD	
Es responsable.	
Tiene una buena autoestima.	
Le gusta trabajar en grupo.	
Tiene amigos de su edad.	
Es de carácter abierto.	
Le gusta jugar y conversar con los compañeros de clase.	
Es sensible ante las necesidades de los otros.	
Es líder dentro de su grupo.	
Le preocupan los temas más abstractos del bien y el mal, la justicia y la injusticia.	
Es muy aceptado por sus compañeros.	
Total puntos	

SOCIALIZACIÓN	
Acepta los juegos y las ideas de sus compañeros.	
Le es fácil hacer nuevos amigos.	
Los compañeros aceptan sus ideas.	
Le gusta trabajar en grupo.	
Participa en los juegos y actividades de sus amigos.	
Siempre que puede, ayuda los compañeros que lo necesitan.	
Lo eligen de los primeros para ir a jugar.	
Se lleva bien con todo el mundo.	
Tiene dos o tres buenos amigos.	
Los amigos lo invitan en las fiestas.	
Total puntos	

Fuente: M. Teresa Gómez Masdevall.

Tabla 8b. Cuestionario de detección de las capacidades.
Cuestionario de valoración para familias y maestros

**HOJA DE RECOGIDA DE LA PUNTUACIÓN
DEL CUESTIONARIO DEL MAESTRO, PROFESOR Y PADRES**

Del alumno/a .... Fecha ....

	Aprendizajes	Creatividad	Motivación	Psicomotricidad	Personalidad	Socialización
100						
90						
80						
70						
60						
50						
40						
30						
20						
10						

Fuente: M. Teresa Gómez Masdevall.

Tabla 9a. Cuestionario de detección de las capacidades.
Cuestionario de valoración para el mismo alumno

**DETECCION DE CAPACIDADES.
CUESTIONARIO DE VALORACIÓN PARA EL ALUMNO/A**

Nombre y Apellidos: .... Edad: ....

Curso: ....Centro: ....

Fecha: ....

Puntuación: Cada ítem se ha de puntuar del 1 al 10. El valor 1 indica que está en desacuerdo y el valor 10 manifiesta que está completamente de acuerdo.

APRENDIZAJES	
Aprendo con mucha facilidad y rapidez.	
Me gusta mucho observar las cosas.	
Tengo mucha memoria.	
Busco mucha información sobre temas que son de mi interés.	
Pienso que lo que aprendo en la escuela me es útil para mi vida.	
Cuando un tema me interesa, hago muchas preguntas que no hacen mis compañeros.	
El que aprendo en una asignatura me sirve para las otras.	
Tengo curiosidad para saber las cosas.	
Estoy siempre atento/a a las explicaciones.	
Tengo muchas ganas de aprender.	
Total puntos	

CREATIVIDAD	
Tengo un elevado sentido del humor.	
Me gusta experimentar nuevas maneras de hacer las cosas.	
Respondo muy bien a las preguntas del profesor/a.	
Tengo puntos de vista diferentes de los de mis compañeros.	
Puedo dar varias respuestas ante un problema.	
Mis escritos y dibujos son originales.	
Tengo predisposición a la fantasía y habilidad para imaginar.	
Soy capaz de ver con humor situaciones que no parecen cómicas.	

No me conformo fácilmente con las cosas.	
Para mí es fácil adaptarme a nuevas reglas.	
Total puntos	

MOTIVACIÓN	
Soy persistente para conseguir mis objetivos.	
Mantengo el interés por ciertos temas y problemas.	
Hago siempre muchas preguntas para satisfacer mi curiosidad.	
Me gusta saber cómo funcionan las cosas.	
Con poca motivación hago los trabajos.	
Tomo la iniciativa para hacer un trabajo, un juego.	
Disfruto aprendiendo por el solo hecho de aprender.	
Veo los problemas como un reto y me gusta encontrar las soluciones.	
Voy contento a la escuela.	
Tengo habilidad para concentrarme intensamente durante un largo período de tiempo.	
Total puntos	

PSICOMOTRICIDAD	
Soy muy bueno en deportes.	
Tengo habilidad manual, hago buena letra, hago dibujos con precisión.	
Soy uno de los mejores en el gimnasio.	
Me gusta hacer equilibrios.	
Sé moverme al compás de un ritmo.	
Soy muy ágil.	
Tengo un deporte favorito.	
Me gustan todos los juegos de movimiento.	
Utilizo gestos y expresiones faciales para comunicarme.	
Los compañeros me quieren en su equipo.	
Total puntos	

AUTOCONCEPTO	
Soy muy valorado/a por los profesores.	
Tengo buenas ideas.	
Mis compañeros de clase me aceptan bien.	
Pienso que soy una persona lista.	
Soy muy abierto/a de carácter y hablo con todo el mundo.	
Dentro de mi familia soy una persona importante.	
Hago muy bien el trabajo en el colegio.	
Me gusta ver los otros contentos.	
Normalmente estoy contento.	
Estoy a gusto con mi persona.	
Total puntos	

SOCIALIZACIÓN	
Acepto los juegos y las ideas de mis compañeros.	
Es fácil para mí hacer nuevos amigos.	
Los compañeros aceptan mis ideas.	
Me gusta trabajar en grupo.	
Participo en los juegos y actividades de mis amigos.	
Siempre que puedo, ayudo a los compañeros que lo necesitan.	
Me eligen de los primeros para ir a jugar.	
Me comporto bien con todo el mundo.	
Tengo dos o tres buenos amigos.	
Los amigos me invitan a las fiestas.	
Total puntos	

Fuente: M. Teresa Gómez Masdevall y Walter McKenzie.

Supermentes

Tabla 9b. Cuestionario de detección de las capacidades.
Cuestionario de valoración para el mismo alumno

**HOJA DE RECOGIDA DE LA PUNTUACIÓN
DEL CUESTIONARIO DEL ALUMNO/A**

Del alumno/a .... Fecha ....

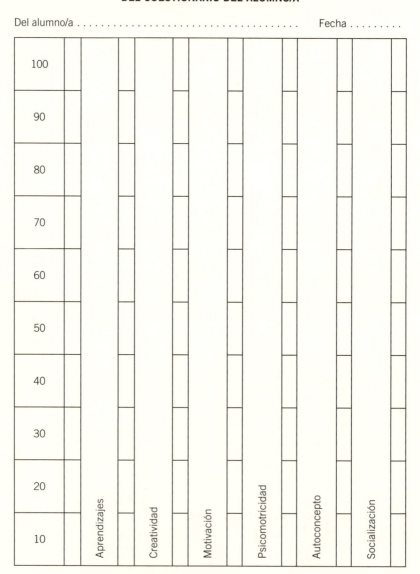

Fuente: M. Teresa Gómez Masdevall.

El modo de responder a estos cuestionarios es sencillo, se trata de señalar con una cruz o resaltar las casillas, una respuesta a cada pregunta, en los aspectos o características que se considere que presenta o haya presentado el niño. Y sobre todo, se trata de no inventarse nada: si no se recuerda algún dato, poner una interrogación, y, por supuesto, realizar las anotaciones o aclaraciones que se considere. Ahora bien, estos cuestionarios no deben ser utilizados de forma unilateral, pues según propone el Instituto Internacional de Altas Capacidades, la mejor manera de proceder es realizar la detección de forma conjunta, entre maestros, familias y profesionales. En la primera tabla encontramos el Cuestionario general para todas las edades del MECD, que debiera ser rellenado por la familia y por los tutores del centro educativo (éstos contestarán a las preguntas que conozcan, pues como se puede observar hay respuestas que solamente conoce la familia). En la segunda tabla se muestra el cuestionario correspondiente a cada franja de edad: de 3 y 4 años; de 5 a 8 años; de 9 a 14 años. Tanto el docente como la familia contestarán a ese cuestionario. También se recomienda que, a partir del Ciclo Medio de Primaria, se realicen los cuestionarios de detección de las inteligencias múltiples y el de detección de las capacidades. A partir de las respuestas a los cuestionarios, el profesional docente, maestro o profesor, compara las respuestas obtenidas entre familia y escuela, y sería aconsejable que los dos contextos de educación por excelencia, escuela y familia, se reunieran para consensuar las respuestas, sobre todo si se observa que el niñ@ se encuentra dentro de la sospecha de las altas capacidades. El Instituto afirma que «las posibilidades de acierto de los cuestionarios de detección son del 90%». Una vez finalizada esta etapa previa es necesario dirigirse a los centros de diagnóstico clínico especializados donde se les ofrece los resultados al centro, el cual lo facilita a la familia y ésta decide si desea seguir avanzando hasta obtener un diagnóstico clínico, «o Evaluación

Multidisciplinar, en palabras del Convenio de Naciones Unidas firmado por España, BOE de 21 de abril de 2008» para poner en marcha los recursos que los niños y niñas necesitan.

Pero avancemos con el caso. En aquel momento, hace esos 20 años aproximadamente, a Phi se le realizó un enriquecimiento curricular. El diagnóstico sugirió que durante su escolarización en el centro de primaria se le siguiera haciendo dicho enriquecimiento, y siguió el curso sin problemas, al igual que en cuarto curso, aunque la maestra no estuviera tan implicada y fuera algo reacia a poner en marcha el enriquecimiento surgido tras el dictamen —insistía en que no era necesario, que simplemente era un niño peculiar y que no era necesario poner en marcha ninguna medida educativa; la familia llegó a escuchar con cierta sorna estas impresiones de la maestra—, pero el chico tenía estrategias suficientes para salir adelante.

El gran problema surgió al iniciarse el quinto curso. El cambio de ciclo y cambio de tutor, poco sensibilizado por estos casos, como apuntó en diferentes entrevistas con la madre, y el hecho que Phi comenzara a tener una inmensa apatía en la escuela e incluso aversión a asistir a ella (en casa estaba triste, apático, sin ganas de aprender, sin interés por nada) implicó que la familia, después de mucho insistir en el centro, se pusiera en contacto con el equipo de diagnóstico mediante la dirección de la escuela. A ello se unió el hecho de que el grupo comenzaba a burlarse de las capacidades del chico, a tacharlo de listillo, con lo que ya era tan bien visto; a acusarlo que no jugaba a la pelota, que prefería jugar con las niñas, a insultarlo y a algunas veces a amenazarlo y pegarle. En los patios, según observación de la madre, que al verlo tan extraño en casa lo iba a ver desde el parque que daba a la escuela sin que él se percatara, ni siquiera jugaba con nadie, estaba solo, daba vueltas por el patio, se escondía de los compañeros. El profesional del equipo de asesoramiento, tras observar la situación y valorar que el equipo de profesionales no seguía con las recomendaciones de enriquecimiento, propuso a la familia que quizá sería conveniente un cambio de centro. Solución que no siempre puede tomarse y que no todas las familias pueden asumir. En este caso, tras la consulta realizada en el gabinete y al ver que no se les daba ninguna respuesta adecuada a sus necesidades, decidió seguir el consejo del profesional y buscar una nueva escuela para el curso siguiente. Lo comentó con Phi, y éste, al ver abiertas las puertas de nuevas posibilidades se puso a buscar un nuevo colegio acompañado y a partir de las opciones que se le ofrecieron. Se trataba de que él se implicase, que fuera su propio proyecto. Tras investigar por la zona donde vivían, estudiaron varias alternativas. Pero Phi lo tenía claro: un amigo suyo de la zona donde vivía le comentó que en su colegio había un niño que se había ido a otro país a vivir y que había quedado una plaza libre. Y es que en ese colegio se trabajaba por proyectos, se daba un alto valor a la creatividad, se valoraban las capacidades de todos y de todas, que de hecho es hacia lo que vamos avanzando hoy en día en cuanto a considerar que se pongan en marcha proyectos de innovación educativos en las escuelas y que sean exitosos. La familia buscó, se entrevistó con la escuela, consultó a Inspección educativa, y finalmente a mitad de ese mismo quinto curso, y como caso excepcional, se hizo el cambio de escuela, lo que supuso repercusiones económicas al tratarse de un centro concertado. Acabó la primaria sin ningún problema, e hizo enseguida nuevos amigos y amigas, se volvió a sentir motivado y alegre, con ganas de aprender, vivaracho como hasta poco antes, con entusiasmo y sin ninguna tristeza. Como veis, es tan importante un buen diagnóstico como un buen seguimiento, ajustando las necesidades a las diferentes etapas evolutivas por las que pasa cualquier persona, a los cambios y a las nuevas realidades. Una auténtica colaboración con las familias es además imprescindible. Lo importante es también mantener el entusiasmo de los niños, la avidez por aprender, animarlos a que sean consecuentes con cualquier cosa que los motive, que los entusiasme.

«Cuestionador» y «justiciero» fue como lo definieron años después sus compañeros en educación secundaria, pues le gustaba defender a los más débiles a través del diálogo, del cuestionamiento constante. Interesado en temas trascendentales, filosóficos, se preguntaba constantemente sobre la muerte, el más allá, sobre qué pasa después de la vida ya desde bien pequeño... insaciable, con mucha hambre de saber. Él mismo tenía ideas y las desarrollaba, no esperaba a los adultos. Independiente y autónomo, bastante impulsivo, cuando llegó la ESO (Educación secundaria obligatoria), al tercer y cuarto curso, volvieron a surgir algunos problemas de relación con sus iguales y con algunos profesores. Como no le costaba aprender, se aburría, no tenía entusiasmo. En esa época se mostró interesado por otras actividades fuera de la escuela como el karate, así como por otras lenguas, y comenzó a aprender el japonés, además de mejorar el inglés. Pero esa motivación por aprender en la escuela, por saber, por ver, se convirtió en desmotivación, en hastío, en no encontrar el sentido. No le interesaba ya la lectura ni el dibujo, pocas cosas le interesaron y se tornó arisco, solitario a ratos, irritable, irascible y rebelde, lo cual preocupó mucho a la familia y de nuevo realizamos varias sesiones. Se dieron tres circunstancias cruciales. Una, que todas las estrategias curriculares de enriquecimiento que se le ofrecieron en los últimos años de primaria y primer ciclo de secundaria se dejaron de ofrecer de nuevo en tercero, del mismo modo que ocurrió en quinto de primaria en la escuela anterior. Éste fue un motivo, junto con otro importante: la etapa evolutiva de la adolescencia, esa etapa rompedora, en que la rebeldía —entre otros aspectos— constituyen una revolución, un cambio de etapa, de ciclo, de maduración, de paso de la infancia a la juventud adolescente de Phi, en la que *todo* el mundo está en contra suyo, en que los padres no entienden nada y la tribu, los iguales son únicos y válidos modelos. Phi comienza a tener reacciones para llamar la atención, sacar peores notas, no esforzarse por nada ni por nadie, decir que mejor estaría muerto que vivo, llegar tarde a casa... En fin, esa etapa de transición en la que que lo que simplemente busca y pide a gritos el adolescente es que alguien le recuerde los límites, le haga caso, le ame, le preste atención y que camine con ellos. Y se unió un tercer aspecto que hizo que para él supusiera un autocuestionamiento todavía más complejo, esa facilidad para aprender pareció estancarse: ¡se fue nivelando a los demás! Seguía dando mayores resultados en aspectos matemáticos, pero no en otros aprendizajes.

Como habréis observado, nos encontramos ante un caso claro de precocidad intelectual, junto con un talento matemático, por supuesto, pero no ante un caso de superdotación. Así lo demostraron las pruebas que se administraron, y el conocimiento clínico del caso. No significa pues que ante los casos de precocidad intelectual o de talentos no debamos hacer nada a nivel psicopedagógico, por supuesto que sí. Podría haberse convertido en un fracaso escolar espectacular a no ser por el constante acompañamiento de la familia y de los recursos externos con los que contó.

En bachillerato se recondujo, fue comprendiéndose a sí mismo, se produjo un cambio, maduró, aunque socialmente seguía teniendo a su pequeño grupo de amigos y amigas de casi toda la vida y poco más. Prefería relaciones con compañeros con los que pudiera hablar, cuestionar, inventar... No era de grandes grupos ni de grupos de diferentes entornos. No obstante, para algunos profesores todavía se comportaba de forma preocupante, según comentaron a la familia. Hubo un momento en que como «queja» del sistema decidió escribir un relato con motivo de los Jocs Florals[3] de la escuela, una histo-

---

3. Certamen literario típico de la cultura catalana adoptado durante el siglo XIV, inspirado en los trovadores de la época medieval y restaurado en el siglo XIX en Barcelona.

ria justiciera de traición y muertes, y los tutores al ver el contenido de este escrito hablaron con la familia preocupándose por su salud mental. Pareció que la escuela buscaba una patología a ese comportamiento manifestado mediante un escrito, donde en realidad el chico lo que realizaba de forma creativa era una expresión de sus sentimientos, un reclamo de justicia social ante una comunidad poco sensibilizada.

Decidió estudiar bachillerato tecnológico, no sabía si seguir los estudios de física y matemáticas o bien de ingeniería informática (por la que se decantó finalmente), aunque a veces comentaba que quizá la filosofía sería interesante. Los estudios universitarios le fueron muy bien, consiguió varias matrículas de honor, aunque durante los cuatro años de estudio se quejó de que sentía que no estaba aprendiendo mucho, que lo que aprendía era porque a él le interesaba y no porque lo estimularan desde la universidad, con excepción de algunos pocos profesores. Se sentía mal cuando veía que la mayoría de estudiantes iban a aprobar la materia como fuera y ya está, más que a aprender, que era lo que a él le interesaba realmente. El último curso de universidad estuvo como becario en un importante grupo de investigación que lo quiso fichar para realizar su máster y seguir como investigador en el grupo, pero lo rechazó; él prefería aprender de diferentes lugares, no quería seguir estudiando másteres ni más tiempo en la universidad. Consiguió trabajo en una empresa en la que se sintió que aprendía a ratos, hasta que dijo que no podía más y cambió, se independizó. Actualmente trabaja para una empresa japonesa en Canadá, aunque a él lo que le interesa es aprender, saber, explorar, investigar, y sabe que cuando eso no lo pueda hacer en su trabajo actual y en su profesión, cambiará, aunque los cambios le den miedo.

Como vemos es un caso de éxito, a pesar de que el proceso fuera complejo. Gracias a un entorno sensibilizado —familia, profesionales, etc.—, y a un abordaje psicoeducativo se pudo acompañar a este chico a simplemente ser. A ser él mismo. A conocerse a sí mismo. Y a comportarse como sí mismo.

A modo de estrategias, a continuación se exponen algunas de las herramientas utilizadas en consulta. Hay que tener en cuenta que los maestros, desde la escuela, no realizan una tarea terapéutica sino educativa. No obstante, pueden observarse para comprender mucho mejor qué está pasando en el mundo de cada uno de sus alumnos, su familia, sus amigos, sus iguales. Comprensión que permitirá mirar desde otro punto de vista, reconociendo cada situación. Para los profesionales psicólogos, pedagogos o psicopedagos son estrategias conocidas pero que puede resultar útil revisar. Para las familias, puede implicar conocer y conocerse. Profesionales y familias, esa red que camina sobre hilos tan delicados y frágiles, hilos de seda, que se une en beneficio del niño y adolescente.

Como en otros casos, realicé una **anamnesis** para conocer los factores que incumbían a la consulta que me realizaban, a través de **entrevistas** con la familia y con el niño. Algunos de los datos que son tenidos en cuenta, aunque cada cual depende del caso y debiera adaptarlo a sus necesidades:

1. Datos del sujeto: nombre y apellidos, lugar y fecha de nacimiento, DNI, nacionalidad, dirección y teléfono de los padres y del chico/a en caso de que tenga, nombre de los tutores legales, DNI y correos electrónicos, número de hermanos y lugar que ocupa entre ellos, otras personas de contacto (abuelos, cuidadores, etc.), centro educativo al que está inscrito, persona de contacto, tutor/a, director del centro, teléfono de contacto y dirección de correo electrónico y postal.

2. Motivo de consulta: especificar quién le deriva y por qué motivos, expectativas sobre el hijo y sobre la consulta, aspectos positivos y dificultades observadas, etc.

3. Datos de la familia: nombre y apellidos de los padres o tutores legales, edad, estado civil, estudios, profesión, situación laboral, dirección del trabajo y horarios, momentos para estar con los hijos, cohabitantes en el domicilio, horarios, rutinas, idioma/s de preferencia.

4. Datos de la familia extensa: del padre y de la madre.

5. Genograma familiar

6. Datos prenatales y neonatales: tipo de embarazo y parto, salud, hábitos, duración de la gestación, tipo de parto, test apgar, tipo de lactancia, uso de chupete, objeto transicional o de transición, cuidados en los primeros meses de vida, soportes, implicación de la pareja, etc.

7. Antecedentes de salud: enfermedades, tipo de medicación, alergias, vacunas, hospitalización y motivos, tipos de tratamiento (alopático, homeopático, otros alternativos), accidentes, experiencias traumáticas, miedos, hábitos de sueño, hábitos nutricionales, etc.

8. Desarrollo evolutivo: desarrollo psicomotor y del lenguaje: sostén cefálico, sentarse, pararse, gateo, marcha, cuándo y cómo caminó, cuándo y cómo dijo sus primeras palabras (gorjeo, balbuceo, primeras palabras, frases, uso de mímica, de expresiones emocionales), cuándo y cómo comenzó a leer, a montar en bici, a subir y bajar escaleras, cómo es su coordinación, cómo es a nivel motriz, si es diestro o zurdo; cuándo comenzó a tomar papillas, a comer solo, cómo y con quién come, tipo de alimentación, control de esfínteres, ritual del baño, conducta, etc.

9. Hábitos actuales y preferencias: horarios de sueño y de comida, rutinas para ir a dormir, etc. Videojuegos, televisión, móviles...Tiempo que les dedica.

10. Relaciones con el entorno: familiares (madre, padre, hermanos, abuelos, tíos, vecinos), amistades, compañeros y centro educativo (roles, juegos, aprendizajes). Relaciones de la familia respecto al hijo (autoritario, sobreprotector, permisivo, negligente, indiferente). Relaciones entre la pareja.

11. Historia escolar: edad, curso y contexto de inicio de escolarización (escuela infantil, guardería, espacios familiares, *home school*, etc.), adaptación, aprendizaje, relaciones con maestros y con compañeros, etc.

12. Autoobservación del profesional: sentimientos, impresiones, hipótesis.

13. Otras observaciones: quién viene a consulta, puntualidad, informaciones que aporta, lenguaje corporal, etc.

Es importante que en las entrevistas tengamos en cuenta a los otros, sus necesidades, sus mensajes, sus inquietudes y observaciones. La relación entre terapeuta-asesor y asesorado debe ser siempre desde el respeto, sin juicios ni perjuicios. Pensemos que en estos casos las familias llegan bastante desesperadas, muchas veces después de una larga peregrinación, confusas y agotadas por tanta justificación de sus preocupaciones. Desde un punto de vista terapéutico, sería un error mostrarnos simplemente como unos expertos que van a administrar más cuestionarios y pruebas, sin tener en cuenta sus sentimientos y emociones. Las familias hacen verdaderos actos de fe cuando confían en nosotros, los profesionales. Por tanto, nuestra mirada debiera ser comprensiva, respetuosa, discreta, conciliadora, clara, transparente y contenedora, muy contenedora.

Así mismo, para valorar el entorno en el que vive la persona, el contexto, realizo el **genograma trigeneracional** a través de un esquema visual que simplifica la visión de la situación del sistema familiar, recogiendo los datos más relevantes de forma gráfica. Viene a ser un árbol familiar, un árbol genealógico, pero mucho más completo, donde se añaden las relaciones de los miembros de un sistema. El genograma es un instrumento de evaluación familiar que ayuda a buscar las preguntas necesarias para formular las hipótesis y nos ofrece pautas de transmisión generacional, facilitando explorar las relaciones y normas de funcionamiento en el sistema. «El concepto de sistema se utiliza para hacer referencia a un grupo de personas que interactúan como un todo funcional. Ni las personas ni sus problemas existen en un vacío. Ambos están íntimamente ligados a sistemas recíprocos más amplios de los cuales el principal es la familia. La familia es el sistema primario y, excepto raras excepciones, más poderoso al que pertenece una persona» (McGoldrick y Gerson, 2011: 20). Nos permite explorar la estructura familiar de forma clara, tener un resumen clínico y una visión de los problemas potenciales. Para la construcción del genograma se puede acudir también a un programa informático (GenoPro)[4] donde se van trazando las líneas de la estructura familiar, y donde se registran los datos de cada componente del sistema y delineando las relaciones entre la estructura familiar, aunque habitualmente lo hago de forma manual.

A partir del genograma, se puede utilizar también el **fotograma**, que es un recurso que nos ayuda a poner las imágenes a partir del contenido que obtenemos con la construcción del genograma; o bien se utiliza sólo el fotograma si se quiere tra-

---

4. https://www.genopro.com/es/.

bajar en consulta o en el aula con niños más pequeños. Se trata de hacer una recopilación del sistema familiar y también se puede realizar con otros sistemas, como amigos, compañeros de clase o de profesión, etc. Implica una conexión emocional a través de las imágenes, surgen recuerdos, vínculos, roles, relaciones entre ese sistema. Se pueden trabajar las emociones (expresiones faciales, corporales, sonrisas, miedos...), el lugar que ocupa cada componente, las relaciones entre los miembros y las emociones que provocan, el conocimiento o ausencia de información respecto a cada miembro, los cambios de cada uno respecto a los otros componentes, etc.

Al mismo tiempo, el **ecomapa** —que es un complemento del genograma— nos permite observar la representación de las relaciones significativas de la persona y analizar las redes de apoyo de la familia y las interrelaciones que se producen. Se incluye el sujeto y los contextos que directamente afectan a esa persona, como es la familia, las amistades, las relaciones comunitarias, las escolares y/o laborales, etc.

Otra herramienta que utilizo sobre todo para comprender las relaciones que mantiene la persona que viene a consulta es el **sociograma**. A través de esta técnica se representan en un gráfico los vínculos entre los componentes de un grupo determinado, ya sea en la escuela, en la familia, en el trabajo, pudiéndose observar y analizar las relaciones, influencias, roles, afinidades entre los miembros, etc. Es muy útil para realizar actuaciones en un grupo.

Otro recurso que nos puede ser muy útil pero ya desde un ámbito más escolar es la **biografía académica**. Se reúnen datos, documentos y cronología sobre la historia académica de un sujeto: años y lugares donde se cursan estudios, nombre del centro, población, maestros, compañeros, las relaciones con cada cual, hechos familiares sucedidos en cada momento... Paralelamente, se realizan vinculaciones académicas de los padres, abuelos y otros familiares. Gracias a esta herramienta se pueden observar de una forma bastante objetiva las implicaciones que a lo largo de los años académicos han ido tomando nuestra vida a través de los estudios que se van realizando, pero además esta herramienta también nos muestra las vinculaciones con nuestros iguales, con el entorno, y con los familiares más próximos. La autobiografía académica ayuda también en la orientación profesional, pues revela en qué momento se escoge realizar un tipo determinado de estudio y por qué; permite ver similitudes y diferencias con los padres o hermanos, motivos para tomar decisiones, etc.

Estrategias todas ellas abordadas desde una visión sistémica y de trabajo en red, que como veremos en el siguiente capítulo abren la puerta de una nueva perspectiva, quizá la que hoy en día puede hacernos mejorar esa atención de calidad hacia los seres a los que prestamos atención y acompañamiento.

¿Cómo mejoramos las relaciones?

«Cuando hablas, sólo repites lo que ya sabes; pero cuando escuchas, quizá aprendas algo nuevo».

Dalai Lama

El trabajo interdisciplinario entre profesionales

Hablarse se habla, y mucho, de realizar un trabajo entre todos. Algunos lo llaman trabajo multidisciplinario, otros interdisciplinario y pocos, muy pocos, hablan de un trabajo en red. Aunque en la actualidad, cuando alguien se refiere a las «redes», directamente asociamos el concepto a las redes virtuales, una gran red virtual.

Trabajo en red equivale a *algo* tecnológico, a internet, a las TIC —Tecnologías de la Información y el Conocimiento—, que en el mundo educativo han derivado en el EVE-A —Entornos virtuales de Enseñanza-Aprendizaje—. Y eso significa configurarse como modelo educativo que parte del soporte web con una tecnología en red que facilita por ejemplo la formación de estudiantes a distancia a través de la interrelación de los implicados en una comunidad educativa concreta, siendo estas TIC como una herramienta tecnológica muy útil para el proceso de enseñanza y aprendizaje. Un claro ejemplo son las universidades a distancia en nuestro entorno. Ello conlleva que en la sociedad actual se hable de las TAC, Tecnologías para el Aprendizaje y el Conocimiento. De hecho, este tipo de redes facilita la comunicación y el aprendizaje a través de la colaboración y de la cooperación entre los actores implicados. Como apuntan Pifarré y otros (2008: 51), se trata de un conjunto de redes interconectadas entre ellas que actúan como una gran base de datos y como fuente documental, constituyéndose como una verdadera TIC, tal y como sucedió con el uso del ordenador y como en años anteriores había ocurrido con la televisión.

Pero fijémonos en el parágrafo anterior, esa idea de facilitar el diálogo, la comunicación y el aprendizaje a través de la colaboración y de la cooperación entre los actores implicados. De eso trata precisamente esta primera parte del capítulo, de establecer vías de comunicación entre los profesionales que atienden, que actúan, que acompañan, que diagnostican, que emiten informes, que determinan muchas veces, que dialogan otras. «Se basa en la existencia de una conversación regular entre los diferentes profesionales que integran la red. Esta conversación implica una comunidad de experiencia que se constituye como un vínculo social entre los servicios de atención social, educación y salud, a partir de un territorio común y de una realidad de trabajo compartida (infancia en riesgo, violencia de género, adolescencias, TDAH» (Ubieto, 2014: 81). ¿Y por qué no incluir también las altas capacidades? Establecer vías de comunicación entre los profesionales y más allá, también establecer ese diálogo compartido con el niño y con sus familias. Es desde este enfoque que se aborda el capítulo, desde la necesaria comunicación para mejorar las relaciones entre todos y, sobre todo, para acompañar a la infancia, especialmente cuando hay ciertas necesidades educativas que cubrir, como es el caso de las altas capacidades.

Esta necesidad de establecer vínculos de diálogo entre los diferentes contextos de relación que influyen directamente en los menores incluye una buena coordinación entre profesionales, la cual puede resultar muy enriquecedora para los distintos colectivos implicados (Del Carmen, 2001: 161), y para ello es necesario precisamente implicarse, responsabilizarse, tomar conciencia, amarse, creando una conexión personal además de profesional. Por lo tanto, se trata de una maraña social compleja, donde se crean vínculos activos entre los agentes que forman parte y configuran esa red. Es además dinámica, cambiante, donde hay un continuo movimiento dentro de la propia red producido por los propios participantes. Además, debe ser planificada, organizada, y ello incluye una reflexión y una evaluación para su ejecución; entendida la planificación como un proceso precisamente de reflexión orientado a la acción, como una herramienta, como un recurso que tiende a ganar grados de libertad para cada participante (Rovere, 1993: 6). Hablo pues de un concepto que va mucho más allá de la propia tecnología. Las redes y el trabajo de modelo de red desde esta perspectiva se configuran como en los últimos años se plantea en diversos estudios (Rovere, 1999; Merelo, 2005; Gay, 2005; Ubieto, 2007; Carretero, Pujolàs, Serra, 2002), como una metodología de trabajo que pretende, entre otros aspectos, ofrecer una mayor calidad de atención a la comunidad diana con la que se actúa. Sea un centro, un barrio, una población, una comarca, un área determinada o un país, el objetivo último es crear recursos para atenderla, permitiendo optimizarlos creando espacios de convivencia, de coordinación entre profesionales de diferentes equipamientos (servicios sociales, salud, educación, servicios especializados), de reflexión y de intercambio.

Ahora bien, para alcanzar un beneficioso trabajo en red, es necesario trabajar de forma interdisciplinaria, claro. Veamos. Planificar las acciones de una red de profesionales considerándola como un sistema conectado por las interacciones entre agentes que requieren organización nos remite a la teoría de los sistemas (Secanilla, 2016: 7). Desde esta perspectiva sistémica digamos que se permite ver a los protagonistas que configuran la red como entidades propias, libres, aunque antagónicas, pues son profesionales que vienen de diferentes servicios (la escuela, los especialistas en diagnóstico de altas capacidades, los servicios de orientación, los psicólogos, pedagogos o psicopedagogos). Así pues, cada uno aporta sus conocimientos, sus saberes, sus habilidades, sus recursos, enriqueciendo su trabajo al servicio —no lo olvidemos— del niño y de sus familias, confluyendo en un espacio común, de proximidad, cooperando, actuando conjuntamente, sumando esfuerzos, siendo ésta una estrategia que posibilita la comunicación y que permite mejorar las interrelaciones entre los profesionales.

Trabajar en red desde esta visión interdisciplinaria implica pues relacionarse teniendo objetivos comunes, aportando los conocimientos desde diferentes perspectivas y desde diferentes tipos de intervención, pero igualados en cuanto a su aportación, a diferencia de lo que implica trabajar de forma individual y multidisciplinar, dando la propia visión del asunto, pero sin ningún tipo de interacción.

En definitiva, de lo que se trata, aquello realmente importante para mejorar nuestras relaciones, es de «darse cuenta de que la colaboración sólo puede tener consecuencias favorables» (Giné, 1997: 8).

Estrategias para acompañar y amar

Los maestr@s y las escuelas e institutos

La **contextualización** es fundamental para realizar cualquier intervención. Realizar entrevistas, la anamnesis, y todos los recursos que se han recogido en el capítulo 5. Se ha comentado en el capítulo 4 y 5 que ante la sospecha de altas capacidades en el hogar o en el aula, la observación sistemática, los informes de los maestros de la escuela, los antecedentes académicos y de conducta, las entrevistas con las familias, las entrevistas con los niños, los cuestionarios previos o el genograma son herramientas que se pueden utilizar en la fase previa al diagnóstico, ante la posible sospecha. La comunicación entre familia y escuela es fundamental. Si todo ello indica que puede tratarse de altas capacidades, es conveniente realizar el diagnóstico por parte de especialistas, para realizar una evaluación fiable y aplicar las medidas educativas precisas.

Otro aspecto importante hoy en día, donde se apuesta por una educación inclusiva, es que debiéramos tener en cuenta la posibilidad de aportar desde los centros educativos otras **estrategias metodológicas** que tanto precisan los alumnos de altas capacidades y que son beneficiosas para la totalidad del alumnado en las aulas del siglo XXI. De hecho, apostar por proyectos de innovación es fundamental. Pero ¡un momento!, quizá sería conveniente realizar una mirada atrás y releer a autores como Gardner, Rosa Sensat, Decroly, Freinet, Malaguzzi, Tonucci... y seguir aplicando sus metodologías y principios psicopedagógicos, sabiendo que en los años 1930 algunos de ellos ya existían. Y lo que es más curioso: ¡funcionaban y funcionan hoy en día! Es la cuna, sólo hay que ver cómo se está aplicando en la actualidad.

Para ello, se hace preciso incluir en nuestra sociedad, en nuestros centros educativos, una educación que potencie el talento de todos los alumnos y alumnas, que permita la diferencia, que sea equitativa, que sea capaz de valorar las especificidades de cada cual, que permita la heterogeneidad, que desarrolle en sus aulas «una estructura de enseñanza y aprendizaje cooperativo» (Pujolàs, 2008: 6), donde se configuren los espacios y los tiempos de forma muy distinta a la que se está haciendo en muchas escuelas y donde «por ejemplo, las aulas se transformen en talleres especializados según las distintas áreas curriculares, con espacios diferenciados para que puedan trabajar conjuntamente todos los alumnos de un ciclo» (Molina, 1997: 42).

Pero a veces ante los alumnos de altas capacidades no se sabe cómo actuar. Es habitual que surjan ciertos miedos o inseguridad sobre cómo actuar —y cómo no actuar—. De hecho, una de las causas de esta inseguridad es la falta de **formación del profesorado**, de preparación específica para atender estos casos, la cual se realiza a través de cursos especializados, seminarios o congresos de referencia, sobre todo para los *docentes que están en activo*. Estas formaciones permiten conocer mejor el desarrollo intelectual y emocional de los alumnos de altas capacidades, conocer las estrategias de detección, los programas y modelos de formación, entre otros. Para ello es necesario que el docente investigue sobre la «ciencia interdisciplinaria del aprendizaje, que se base en la neurofisiología, la psicología y la educación. Y tomando en consideración que el aprendizaje dura toda la vida» (Blackemore y Frith, 2007: 270). En definitiva, es preciso estar dispuesto a realizar una formación permanente, una formación a lo largo de la vida. No obstante, sería también necesario aportar estos conocimientos en la *formación inicial del profesorado*. Es fundamental que además el docente se deje asesorar y guiar por los equipos especializados, en cuanto a los programas, las estrategias metodológicas, etc.

Diversos autores aportan argumentos sobre cómo debe ser el profesional que atienda a los niñ@s de altas capacidades. Reflejo aquí algunas de sus ideas, pues son aspectos que pueden ayudar a la autorreflexión del propio docente, aunque pensad que muchas de estas «características» debieran servir para atender a cualquier persona. Observad también que hay características coincidentes:

Lindsey (1990) expone estos aspectos: «Comprende, acepta, respeta, es sensible, apoya y confía en los otros; tiene altos intereses culturales, intelectuales y literarios; es flexible, abierto a nuevas ideas; desea aprender, es entusiasta; es intuitivo, perceptivo; está dedicado y comprometido a la excelencia intelectual; es democrático antes que autocrático; es innovador y experimental antes que conformista; usa estrategias para solucionar los problemas, no va directamente a conclusiones infundadas; busca la participación de otros para descubrir cosas novedosas; desarrolla programas flexibles, individualizados; proporcional *feedback*, sugerencias y consejos críticos, estimula los procesos mentales más elevados; respeta la creatividad y la imaginación».

Genovard (1998: 52-53) señala los siguientes ingredientes para la atención: «Tener curiosidad y entusiasmo con relación al aprendizaje; ser fácilmente adaptable al estrés y al comportamiento; tener actitudes positivas hacia los estudiantes; ser bien educado en el sentido más positivo del término; tener intereses amplios; ser organizado; ser capaz de entender el impacto psicológico del comportamiento impaciente del superdotado; ser motivador de los estudiantes; tener un alto nivel de energía; tener autoconfianza; ser cálido, empático, flexible, libre de negatividad; pensar de manera original; ser entusiasta; tener buen sentido del humor; ser intuitivo; tener una mente inquisidora; tener poder de análisis y de acumulación de información; ser autodisciplinado; tener tendencia hacia el perfeccionismo, tendencia hacia la introspección, a resistirse a la autoridad externa; ser creativo; tener altas destrezas verbales».

Acereda (1998: 168), citando a Foster y Silverman (1988), apunta que estos autores «Consideran que los profesores más destacados de estudiantes superdotados difieren de los demás profesores en los siguientes aspectos: en tener entusiasmo por su propio trabajo con estudiantes superdotados; en tener confianza en sí mismos en cuanto a su habilidad para ser realmente "efectivos"; en ser facilitadores de otras personas, como medios y vehículos del aprendizaje de los superdotados; en ser capaces de aplicar el conocimiento teórico a la práctica; en tener una fuerte orientación para alcanzar logros; en estar comprometido a su papel de educador de superdotados; en crear programas de apoyo al currículum específico de los estudiantes superdotados».

Castelló y Martínez (1999: 38) exponen las siguientes características sobre el perfil de un profesor que atiende los alumnos dotados intelectualmente: «Ha de tener un conocimiento óptimo de sí mismo, abierto a ideas y experiencias nuevas; ha de tener una idea y comprensión claras de lo que significan los rasgos diferenciales de los alumnos excepcionales; ha de estar en condiciones de proporcionar estímulos más que presión; ha de estar en condiciones de relacionar en un todo único el proceso de aprendizaje con el resultado o el producto del mismo, es decir, evaluar el proceso y el producto simultáneamente, incorporando elementos de lo que llamamos "aprender a aprender"; ha de proporcionar *feedback* más y mejor que hacer juicios sobre el proceso de instrucción-aprendizaje; ha de estar en condiciones de proporcionar un clima en el aula que promueva la autoestima y ofrezca seguridad para tomar riesgos creativos y cognoscitivos».

Estas características, además de una buena formación específica, serán la clave del éxito. Pero si nos encontramos ante docentes que ignoran o no atienden a las capacidades específicas de los alumnos de altas capacidades y esperan que tenga un rendimiento como la mayoría de sus compañeros, nos encontramos ante maestros en los que se da el conocido efecto Pigmalión negativo. Veamos sus orígenes y en qué consiste. En 1966, Rosenthal y Jacobson llevaron a cabo un experimento en una escuela de California.[1] Practicaron un test de inteligencia a sus alumnos, y seleccionaron al azar a un 20% del alumnado. Explicaron a los profesores que ese 20% de alumnos habían obtenido los mejores resultados, eran los más inteligentes, pero les pidieron a los docentes que no se lo dijeran a sus alumnos,

---

1. Rosenthal, R.; Jacobson, L. *Pygmalion in the classroom: Teacher expectations and pupils' intellectual development*, Holt, Rinehart and Winston, Nueva York, 1968.

por lo que los alumnos no sabían si pertenecían o no a ese 20%. Ocho meses después se volvió a repetir el mismo test, todos los alumnos mejoraron, pero sorprendentemente ese 20% mejoraron en sus resultados por encima de la media. Conforme disminuía la edad de los alumnos y el curso, mayor era la mejoría manifestada por el alumnado que pertenecía a esa lista del 20%. Los investigadores concluyeron que el efecto de las expectativas positivas generadas en los profesores (profecía de autocumplimiento) influyó en el rendimiento de los niños, sobre todo en el de los más jóvenes. Hay algunos motivos que explican a lo que ocurrió:

- Mejor *ambiente*, pues el profesorado se muestra más amable en su comunicación verbal y no verbal con el alumnado que puede mejorar sus resultados, por lo que generan a su alrededor un entorno más confortable, donde ofrecer más soporte y confianza, donde los alumnos se sienten estimulados y aceptados.

- Mayor número de *inputs*, pues el profesorado enseña más contenidos y contenidos más complejos al alumnado que considera que tiene más capacidades, pues piensa que aprenderá con mayor facilidad.

- El profesorado ofrece *más oportunidades de respuesta* al alumnado que considera que puede responder con más eficacia y calidad.

- *Mejor feedback*, pues el profesorado refuerza positivamente, más a menudo y con mayor énfasis, al alumnado del que espera que responda mejor. Éste, a su vez, responde mejor.

Podemos concluir de este modo que las expectativas —positivas o negativas— de los docentes pueden hacer que aumente

—o disminuya— la capacidad intelectual de sus alumnos. Entonces, ¿por qué no suponer que todos los niñ@s son capaces de...? Pero para ello se precisa de profesionales que valoren a los alumnos, que los refuercen, que los motiven y estimulen sus esfuerzos, que refuercen conductas positivas ante el resto, que trabajen en equipo, que transmitan mensajes positivos a las familias y que les repitan a sus alumnos sus expectativas positivas.

Hay que tener en cuenta que los niñ@s superdotad@s tienen maneras diferentes de resolver las situaciones, aprenden y están de maneras diferentes al resto del alumnado. Es sabido que el aprendizaje únicamente memorístico, repetitivo, homogéneo no es el más indicado para todos. Trasmitir conocimientos sin más no favorece a ningún alumno, pero especialmente los niñ@s de altas capacidades precisan de un mediador de contenidos que es el docente, un mediador que permita y ofrezca las herramientas necesarias para investigar, que investigue y que enseñe a aprender, que sea innovador y que le ofrezca estímulos placenteros y estimulantes de aprendizaje, que le respete sus estilos de aprendizaje, que le permita *jugar* con los contenidos, que le haga reflexionar a través de aprendizajes significativos, con sentido, que le permita, en definitiva, profundizar, que sea capaz de modificar los entornos necesarios para favorecer estos aspectos creando ambientes distendidos y tolerantes, y que le acompañe en esta aventura fascinante motivándole, animándole, respetándole y ofreciéndole los estímulos emocionales que precise desde el amor.

Familias, madres y padres

Un recurso con el que cuentan las familias con hijos de altas capacidades es el Defensor del estudiante,[2] una institución que

---

2. http://www.defensorestudiante.org.

desde la gratuidad defiende los derechos educativos de los niños y niñas, que por su alta capacidad o por su discapacidad precisen de unas necesidades educativas ajustadas a sus necesidades.

Las familias, los padres y las madres, los hermanos, abuelos y amigos forman parte de la realidad de estos niños y de las niñas. Ya se ha hablado de la necesaria comunicación entre los centros educativos y las familias, pero es que además en los casos de niños de altas capacidades es fundamental entablar estos lazos de comunicación, haciéndoles partícipes de las informaciones, de las intervenciones que se realizan, de la evolución de sus hijos, conteniendo miedos, ansiedad y expectativas.

Las expectativas a las que se ha hecho referencia antes son también aplicables a las familias. Por un lado, pueden generarse expectativas negativas cuando no se reconoce al niño. A veces hay familias que sienten una cierta necesidad de competir con su hijo superdotado, otras veces pueden sentirse incómodos al percibir que su hijo tiene mayores estrategias intelectuales. Por todo ello, el autoconcepto de las familias puede verse afectado. Por otra parte, hay familias que proyectan sus propios anhelos y deseos en ese hijo suyo que es tan listo, identificándose en exceso con sus supuestos éxitos. Estas expectativas irreales e imaginarias no benefician para nada al niño o niña de altas capacidades.

En cuanto a las relaciones que se crean dentro de la propia familia, Castelló y Martínez (1999: 34-35) consideran que se pueden dar algunas alteraciones —estilo de parentalidad ambivalente, como se ha apuntado en el segundo capítulo—, de las que destaco algunas y añado otras:

Tabla 10. Alteraciones intrafamiliares con hijos de Altas Capacidades. Adaptación propia a partir de Castelló y Martínez (1999)

a) Los padres se sienten ambivalentes, las reacciones suelen ser extremas, polarizándose desde reacciones muy positivas a reacciones muy negativas, e incluso a veces de rechazo. El conocimiento de las altas capacidades de su hijo puede ser una justificación tanto para hacerle mayores demandas de las que puede realmente responder como para exigirle mayor rendimiento, o para volverse excesivamente tolerantes en cuanto a sus peticiones y conductas.

b) Las relaciones familiares quedan afectadas en cuanto al hijo con altas capacidades como con el resto de hijos si los hay. De hecho, se dan cambios en toda la dinámica familiar. Por eso es necesario y muy importante que se aborde a todo el conjunto familiar y a las dinámicas que se producen. Sería un error —por otra parte, habitual— *tratar* de forma únicamente individual al sujeto en cuestión.

c) A veces la excepcionalidad del hijo o hija puede ser vivida por los padres como una fuente de conflictos en el sí de la pareja. Sobre todo, en cuanto a las expectativas que se crean hacia los niños. Poner en ellos todo aquello que el adulto no puedo realizar, proyectar *sus sueños* en el hijo, canalizar sus ilusiones a través de ellos, dictarles un camino a seguir, proyectar su futuro... en fin, no dejarlos ser «ell@s».

d) Y si además cada uno de los padres piensa de forma diferente respecto a las necesidades y educación del hijo, se pueden llegar a enviar mensajes contradictorios que lo que producen es una gran inseguridad en el niño, por eso es imprescindible evitar dar dobles mensajes o mensajes opuestos.

e) Hay familias que tratan a sus hijos como niños que son, sean o no superdotados, pero otras les tratan como adultos que no son. Aunque hay veces también que se les quiere proteger tanto que todavía se les *infantiliza* más. Los niños son niños y requieren que se les trate como lo que son: NIÑOS O ADOLESCENTES, y no pequeños proyectos de adultez.

f) Uno de los problemas que a veces se detecta es el equilibrio de poder entre padres e hijos. A veces, el niño de altas capacidades puede utilizar su buena percepción de las situaciones para manipular y controlar las decisiones de sus padres.

g) Los estudios sobre las relaciones fraternales muestran que los niños excepcionales perciben muchas veces un efecto negativo de sus capacidades en relación con sus hermanos.

h) A veces se produce una gran competitividad por parte de los hermanos hacia el niñ@ de altas capacidades. Los hermanos *no excepcionales* manifiestan más sufrimiento en aspectos como ajuste emocional, autoestima y cooperación, aunque no lo relacionan como un efecto negativo.

Otro aspecto a tener en cuenta es la necesidad que tienen todos los niños de tener a sus padres, de tenerlos presentes y de sentirse amados por ellos, pero eso no impide que los niños de altas capacidades necesiten como cualquier otro contención y límites. A veces, la excesiva exigencia o por el contrario la falta de exigencia puede crear o bien actitudes de inseguridad en el niño o por el contrario actitudes déspotas. Y todo ello puede provocar problemas emocionales durante el desarrollo evolutivo del hijo.

Ofrecer seguridad, contención, límites, escucha, atención, soporte para realizar aquello que se proponga, procurar escenarios donde pueda practicar su autoindependencia, su responsabilidad, su autocontrol, animarle a desarrollar su creatividad, ... son algunos ingredientes necesarios cuando se tienen en casa chic@s de altas capacidades, pero que precisa cualquier hij@ y cualquier familia para hacer realidad un *parenting* positivo.

Además, como comento en el siguiente apartado cuando hablo sobre las extraescolares, hay un par de necesidades que surgen actualmente. Por un lado, la necesidad de comunicarse, de conversar, de mirarse a los ojos y ser capaces de pronunciar los deseos, las inquietudes, las dificultades, los miedos, las alegrías. Es una manera también de mostrarnos, de empoderarnos como padres y madres y de poner límites. ¿Se está perdiendo en la sociedad actual ese valor tan importante para la crianza de los hijos como es el hecho de estar presente cara a cara y hablar, conversar, comunicarse? Un valor que además permite conocerse y amarse, si somos capaces de mirarnos y vernos tal como somos, respetándonos, reconociéndonos.

Por otra parte, el hecho de tener espacios propios —yo les llamo espacios verdes—, para poder estar a solas con nosotr@s. Espacios y tiempos de silencio, donde cesan las palabras, el ruido del ego. Esos espacios que nos permiten vaciarnos de todo y pensar, reflexionar, estar solos, desde esa solitud hacia el encuentro con un@ mism@.

Vivimos, ¿y dejamos vivir?

Por pasos, algunas de las estrategias que aquí se proponen pueden ser utilizadas con niños de altas capacidades y con todos los demás. Pero no se trata de poner en práctica a la vez todos estos recursos, no es necesario ni sería adecuado para ninguna persona. Son estrategias que se han utilizado con buenos resultados, pero que cada cual escoja aquello que mejor considere. Se trata de vivir y de dejar vivir, porque al fin y al cabo el niño es un ser, y por más que posea unas altas capacidades necesita experimentar la vida, jugar, leer, enfadarse, caerse, levantarse, soñar, aburrirse, vivir.

Recursos para tod@s

Como vimos en el tercer capítulo, trabajar la resiliencia es un buen recurso para cualquier persona; para los niño de altas capacidades será una buena estrategia para afrontar y superar obstáculos.

Para Barudy y Dantagnan (2005: 53-60), la resiliencia es «una capacidad que emerge de las interacciones sociales. Esta capacidad es sobre todo el resultado de nutrientes afectivos, cognitivos, relacionales y éticos que los niños y niñas reciben de su entrono». Ofrecer, adaptar este alimento a los niñ@s de altas capacidades puede favorecer su evolución emocional. Proponen establecer el contenido de experiencias que favorezcan la emergencia de la resiliencia, experiencias que constituyen el ingrediente de nuestras intervenciones, tanto preventivas —promoción de los buenos tratos— como curativas —reparación del daño—. Estas intervenciones se basan en acciones destinadas a:

Tabla 11. Intervenciones que favorecen la emergencia de la resiliencia. Adaptación propia a partir de Barudy y Dantagnan, 2005

- *Ofrecer vinculaciones afectivas seguras, fiables y continuas* por lo menos con un adulto significativo, de preferencia de su red familiar o social, incluyendo a profesionales, y también a otros iguales.
- *Facilitar los procesos relacionales que permitan dar un sentido a las experiencias.* Equivale a facilitar la toma de conciencia y la simbolización de la realidad de su entorno y de sí mismos.
- *Brindar el apoyo necesario,* apoyo social, y facilitar la emergencia de redes psicosocioafectivas, tanto para los niñ@s como para sus familias.
- *Facilitar la participación* de niñ@s, familias y profesionales, cada uno de acuerdo con sus capacidades en las dinámicas sociales para obtener más justicia y asegurar el buen trato y la erradicación de la discriminación en las relaciones humanas.
- *Promover y participar en procesos educativos que potencien el respecto de los derechos de todas las personas.*
- *Participar y promover la participación* de los niñ@s en actividades que por su *contenido ético y espiritual* les permita acceder a una visión trascendente de lo humano, así como a un compromiso social, religioso o político altruistas para lograr sociedades más justas, solidarias y sin violencia.
- *Favorecer las experiencias que promuevan la alegría y el humor.* En este sentido, como apuntan Vanistendael y Lecomte (2006), el humor se considera «la estrategia de adaptación por excelencia, ya que compromete la persona, su intelecto, sus emociones, su fisiología, proporciona un sostén beneficioso cada vez que tenemos que encarar una diferencia entre ideal y realidad. El humor nos ofrece una perspectiva aceptable de una situación difícil, permite conservar una cierta alegría de vivir». Cyrulnik (2001) recuerda que el humor es «la memoria del trauma, su representación se vuelve menos dolorosa cuando el teatro, el arte, la novela, el ensayo y el humor trabajan para construir un nuevo sentimiento de uno mismo». Sin sol no hay luna, como sin seriedad no hay humor.
- *Favorecer el desarrollo de la creatividad y el arte.*

Por su parte, según propone Kenneth Ginsburg —pediatra especializado en adolescentes en The Children's Hospital of Philadelphia— en su página web: http://www.fosteringresilience.com/7cs_parents.php, considera que los niños y jóvenes viven felices o tristes de acuerdo con las expectativas que configuramos para ellos, por lo que necesitan adultos que crean en ellos y modelen estrategias de resiliencia sanas. Identifica así siete bloques esenciales de la construcción de la resiliencia, aspectos que nos ofrecen la posibilidad de trabajar desde el hogar y desde la escuela las propias habilidades y que resulta beneficioso trabajar con niños y niñas de altas capacidades, teniendo en cuenta el alto sentido de justicia que poseen. Se ofrecen estrategias de reflexión en forma de cuestiones que permiten autoevaluar nuestras acciones. Estas destrezas pueden incluirse en el aula y son un buen recurso para todos los niños y adolescentes:

✓ **Competencia**

La competencia es la habilidad o el *«know-how»* para saber llevar situaciones de modo efectivo. No se trata de un sentimiento vago o una intuición de decir «yo puedo hacer esto». La competencia se adquiere a través de experiencia real. Los niños no pueden volverse competentes sin primero desarrollar un conjunto de habilidades que los permita confiar en sus opiniones, realizar elecciones responsables y encarar situaciones difíciles. Nos podemos realizar las siguientes preguntas, por ejemplo:

☐ ¿Me centro —y acompaño— en sus puntos fuertes para construir a partir de ellos?

☐ ¿Me fijo en lo que hace bien?

☐ Cuando comete errores, ¿soy claro y me centro en ello?

☐ ¿Le ayudo a reconocer qué tiene a su favor?

☐ ¿Le ayudo a construir las habilidades educativas, sociales y de reducción del estrés necesarias para hacerle competente en el mundo real?

☐ ¿Me comunico de un modo que le fortalece para que tome sus propias decisiones, facilitarle la posibilidad de reflexionar?

☐ ¿Permito cometer errores seguros para que tenga la oportunidad de corregirse a sí mismo?

☐ ¿Evito sobreproteger?

☐ ¿Evito hacer comparaciones entre alumnos/hermanos?

✓ Confianza

La verdadera confianza, la sólida creencia en las habilidades de uno mismo, se arraiga en la competencia. Los niños ganan confianza demostrando su competencia en situaciones reales. La confianza no es autoestima que supuestamente resulta de decir a los niños que son especiales y valiosos. Se trata de halagar su esfuerzo. Los niños que experimentan su propia competencia y saben que están seguros y protegidos desarrollan una buena seguridad que promueve la confianza para afrontar y sobrellevar retos. Cuestiones como:

> ☐ ¿Veo lo mejor de cada persona de forma que cada persona pueda ver lo mejor de sí mismo?
>
> ☐ ¿Expreso claramente que se espera de ellos las mejores cualidades (no logros, sino cualidades personales como justicia, integridad, persistencia y bondad)?
>
> ☐ ¿Ayudo a reconocer qué ha hecho correctamente y qué no?
>
> ☐ ¿Lo trato como un menor que está aprendiendo a navegar por su mundo?
>
> ☐ ¿Felicito honestamente por logros específicos donde se ha esforzado?
>
> ☐ ¿Animo a que se esfuerce un poco más si se cree que puede?
>
> ☐ ¿Sostengo expectativas altas pero realistas?
>
> ☐ ¿Le recuerdo que es capaz de hacer las cosas?
>
> ☐ ¿Evito avergonzarle?

✓ Conexión

Los niños con lazos cercanos a la familia, amigos, escuela y la comunidad acostumbran a tener un sentido de seguridad sólido que produce valores fuertes y los previene de buscar alternativas destructivas. ¿Cómo hacer que se sientan conectados a la familia y a la comunidad?

> - ☐ ¿Construyo espacios de seguridad física y emocional?
> - ☐ ¿Hago saber que los amamos?
> - ☐ ¿Entiendo que sus retos van a suponer el camino a su independencia?
> - ☐ ¿Permito que tenga y exprese todo tipo de emociones, agradables y desagradables?
> - ☐ ¿Permito que se dirija a otras personas para encontrar apoyo emocional durante momentos difíciles?
> - ☐ ¿Hago lo posible para dirigir el conflicto en la familia y el trabajo para resolver problemas en vez de evitarlo?
> - ☐ ¿Ofrezco espacios comunes donde la familia comparta tiempo juntos, en lugar de tener televisión, consolas o móviles en todas las habitaciones?
> - ☐ ¿Fomento el respeto por la diferencia?
> - ☐ ¿Fomento relaciones sanas con otros para reforzar los propios mensajes positivos?
> - ☐ ¿Cuido también de los otros niños y niñas?

✓ **Carácter**

Los niños necesitan un sentido fundamental de estrategias para discernir entre lo correcto y lo incorrecto y para asegurarnos que están preparados para realizar decisiones sabias, para que contribuyan al mundo y se vuelvan adultos estables. Los niños con carácter disfrutan un fuerte sentido de confianza y autoestima. Están más cómodos manteniéndose con sus propios valores y demostrando una actitud empática hacia los demás. Para conseguirlo:

> ☐ ¿Ayudo a que comprenda cómo sus comportamientos afectan a otras personas?
>
> ☐ ¿Le ayudo a reconocerse a sí mismo como una persona empática?
>
> ☐ ¿Permito aclarar sus propios valores?
>
> ☐ ¿Ayudo a mirar más allá de la satisfacción inmediata o las necesidades egoístas?
>
> ☐ ¿Valoro de forma clara y transmito la importancia de procurar por los demás?
>
> ☐ ¿Demuestro la importancia de la comunidad?
>
> ☐ ¿Ayudo a desarrollar el sentido de la espiritualidad?
>
> ☐ ¿Evito frases o estereotipos racistas, étnicos u odiosos?
>
> ☐ ¿Expreso cómo pienso en las necesidades de otros cuando tomo decisiones o llevo a cabo acciones?

✓ **Contribución**

Los niños se dan cuenta de que el mundo es un sitio mejor porque ellos están en él. Los niños que entienden la importancia de la contribución personal ganan un sentido de propósito que los puede motivar. No sólo tomarán acciones y decisiones que mejorarán el mundo, también resaltarán su propia competencia, carácter y sentido de conexión. Los adolescentes que contribuyen en sus comunidades se rodearán de agradecimientos en vez de bajas expectativas. ¿Cómo contribuir?

> ☐ ¿Ayudo a que comprenda cómo sus comportamientos afectan a otras personas?
>
> ☐ ¿Le ayudo a reconocerse a sí mismo como una persona empática?
>
> ☐ ¿Permito aclarar sus propios valores?
>
> ☐ ¿Ayudo a mirar más allá de la satisfacción inmediata o las necesidades egoístas?
>
> ☐ ¿Valoro de forma clara y transmito la importancia de procurar por los demás?
>
> ☐ ¿Demuestro la importancia de la comunidad?
>
> ☐ ¿Ayudo a desarrollar el sentido de la espiritualidad?
>
> ☐ ¿Evito frases o estereotipos racistas, étnicos u odiosos?
>
> ☐ ¿Expreso cómo pienso en las necesidades de otros cuando tomo decisiones o llevo a cabo acciones?

✓ **Confrontación**

Los niños que aprender a confrontar efectivamente el estrés están mejor preparados para superar los desafíos de la vida. La mejor protección contra comportamientos inseguros puede ser un amplio repertorio de estrategias positivas, adaptativas. ¿Cómo?

> ☐ ¿Ayudo a entender la diferencia entre una crisis real y algo que hace sentir como una emergencia?
>
> ☐ ¿Modelo estrategias de confrontación positivas en una base consistente?
>
> ☐ ¿Permito que disponga de suficiente tiempo para jugar imaginativamente? ¿Reconozco que la fantasía y el juego son herramientas de la niñez para resolver problemas?
>
> ☐ ¿Guío para que desarrolle estrategias positivas y efectivas de confrontación?

> - ☐ ¿Creo que decirle sólo «basta» a los comportamientos negativos será positivo?
> - ☐ ¿Reconozco que, para mucha gente joven, comportamientos de riesgo son intentos de aliviar su estrés y dolor?
> - ☐ ¿Reprocho comportamientos negativos?
> - ☐ ¿Modelo la resolución de problemas paso a paso o sólo reacciono emocionalmente cuando estoy cansado?
> - ☐ ¿Modelo la respuesta de que a veces lo mejor es conservar energía y dejar ir el pensamiento de que puedo derribar todos los problemas?
> - ☐ ¿Modelo la importancia de cuidar nuestros cuerpos con ejercicio, buena alimentación y sueño adecuado? ¿Modelo técnicas de relajación?
> - ☐ ¿Animo expresiones creativas?
> - ☐ ¿Modelo cómo tomar el control más que responder impulsivamente o precipitadamente a situaciones de estrés?
> - ☐ ¿Creo un ambiente donde hablar, escuchar y compartir es seguro, confortable y productivo?

✔ **Control**

Cuando los niños se dan cuenta de que ellos pueden controlar los resultados de sus decisiones y acciones, con más facilidad sabrán que tienen la habilidad de hacer lo que sea necesario para recuperarse. Si los adultos toman todas las decisiones, a los niños se les niegan las oportunidades de aprender. Ver el control como algo externo significa que cualquier cosa que haga no importará porque él no tiene el control sobre el resultado, pero un niño resiliente sabe que tiene control interno. A través de sus acciones, él determina los resultados. Él sabe que puede marcar la diferencia, lo que promueve además su competencia y confianza. Valoremos cómo:

> ☐ ¿Ayudo a entender que los eventos de la vida no son puramente aleatorios y muchas cosas pasan como resultado directo de las acciones y decisiones de alguien?
>
> ☐ ¿Ayudo a mi hijo a entender que no es responsable de muchas circunstancias malas de su vida (como el divorcio de sus padres)?
>
> ☐ ¿Ayudo a pensar sobre el futuro, pero a tomarse su tiempo?
>
> ☐ ¿Ayudo a reconocer incluso sus pequeños méritos para que pueda tener la experiencia de conocer que puede tener éxito?
>
> ☐ ¿Ayudo a entender que nadie puede controlar todas las circunstancias, pero que todo el mundo puede cambiar el resultado escogiendo siempre algunos tipos de comportamientos?

Resiliente es pues el niñ@ o adolescente de altas capacidades que es capaz de afrontar las tempestades, saliendo reforzado de ellas, que aprende y construye, pero que está nutrido por el amor de su entorno —su familia, sus maestros, sus compañeros, sus amigos—, y que gracias a ello mantiene sana su armonía física y emocional.

Además de la resiliencia, en el tercer capítulo se abordaron las competencias emocionales como una estrategia por excelencia. Bradberry y Greaves (2012), proponen trabajar las cuatro habilidades fundamentales —autoconocimiento, autogestión, conciencia social y gestión de las relaciones—, siguiendo el modelo de inteligencia emocional de Goleman, Boyatzis y McKee (2002), ejercitando una serie de estrategias por cada una de estas habilidades, que cito a continuación, a partir de las cuales se pueden elaborar actividades para trabajar en el aula desde el currículo y también en el hogar:

Tabla 12. Estrategias para trabajar las competencias emocionales.

- *Estrategias de autoconocimiento*: dejar de considerar los sentimientos como buenos o malos; observar los efectos que causan las propias emociones; afrontar y buscar las situaciones incómodas sin huir de ellas; sentir las emociones físicamente; averiguar qué y quién nos sacan de nuestras casillas y por qué; observarnos desde fuera, con perspectiva; anotar, dibujar las propias emociones en un diario o cuaderno; evitar dejarnos llevar por momentos de desánimo ni por momentos de euforia; parar y pensar los motivos por los que se hacen y deciden las cosas; revisar los propios valores y su relación con la manera de comportarse y de estar; revisar el propio aspecto; identificar las propias emociones en películas, música, bailes, teatro, libros, historias; buscar *feedback* en los seres que nos rodean, cómo nos ven; saber cómo se reacciona en situaciones de estrés, de presión.

- *Estrategias de autogestión*: respirar; confeccionar listas y anotaciones sobre las propias emociones y también sobre los razonamientos cuando se deban tomar decisiones; compartir los propios propósitos; en momentos de enfado o desacuerdo, detenerse, inspirar y contar, varias veces; esperar antes de actuar, tomando distancia; sonreír y reír —el cerebro responde a esos estímulos—; cuidar nuestro diálogo interior, nuestros pensamientos internos, que cuando es negativo afecta enormemente a la capacidad de autogestión; visualizarse realizando una buena gestión de las emociones y el comportamiento, haciendo y diciendo cosas positivas sintiendo la satisfacción y las emociones positivas generadas por esas situaciones; tener una buena higiene del sueño; concentrar la atención en las posibilidades, no en las limitaciones; ser coherente; aprender de los demás; organizarse; prepararse para los cambios constantes, flexibilizarse y adaptarse.

- *Estrategias de conciencia social*: llamar a las personas por su nombre; observar el lenguaje corporal de los demás; actuar, preguntar, intervenir en los momentos oportunos; observar a los demás cuando se esté en grupo, mirarlos; planificarse; organizar el desorden; vivir el presente; escuchar; ponerse en el lugar de los otros.

- *Estrategias de gestión de las relaciones*: mostrarse abierto y curioso; mejorar el estilo de comunicación natural; evitar emitir mensajes confusos, ser claro; acordarse de las pequeñas cosas; saber recibir la opinión y comentarios de los demás; desarrollar confianza; reconocer los sentimientos de los demás; complementar las emociones o la situación de los otros; mostrar reconocimiento; compartir las decisiones que se toman.

Adaptación propia a partir de Bradberry y Greaves, 2012.

Estas estrategias pueden responder al inicio de cualquier programación, simplemente hay que practicarlas primero por parte de los adultos y después trabajarlas con los alumnos o hijos.

Potenciar las competencias socioemocionales en niños y en adolescentes de altas capacidades favorecerá las situaciones con las que se enfrenten a diario. Hablar de competencias socioemocionales es hablar de autoestima —valoración emocional hacia uno mismo que resulta de la evaluación del autoconcepto en relación a los valores propios o del entorno— y autoconcepto —concepciones sobre los atributos de uno mismo—; de asertividad —o capacidad para defender los propios pensamientos e intereses respetando a los otros—; la comprensión de las propias emociones —posibilidad de detectar las propias emociones y su incidencia en nuestro comportamiento—; la comprensión y regulación emocional del *otro* —comprender los sentimientos de las otras personas y responder con emociones complementarias—; la autorregulación emocional —habilidad para gestionar nuestras propias acciones, pensamientos, sentimientos de forma flexible en contextos físicos y sociales—. A partir de estas competencias es interesante pensar en escenarios que permitan practicarlas, ejecutarlas, experimentarlas, como por ejemplo nombrarlas poniendo ejemplos de situaciones, inventar pequeñas historias que las incluyan, crear un diccionario emocional, o un collage de emociones o un calendario de emociones.[3] En definitiva, se trata de educar las emociones, que en realidad es educar para la vida desde el amor.

Las extraescolares

En los casos de altas capacidades es un recurso muy adecuado el realizar actividades extraescolares, actividades que evi-

---

3. Secanilla, E., Rodríguez, M. *Guia per al desenvolupament de competències socioemocionals per a joves. Estratègies per a les famílies.* Dipòsit digital de la UAB. 2016.

dentemente tengan que ver con los intereses de los niños y niñas y adolescentes y que les aporte lo que buscan en otros entornos que no sean los centros educativos. Muchas veces algunos se decantarán por la música, o la danza o el teatro, otros querrán mejorar su técnica en el juego de ajedrez, o quizá alguna actividad deportiva. Desgraciadamente, este tipo de actividades no siempre se ofrecen desde la escuela, cuando son actividades que efectivamente deberían incluirse en un currículo de calidad. Es sabido de los beneficios que aportan la música, la danza, las artes plásticas o el teatro, y hay experiencias que así lo demuestran. Pero a día de hoy, en nuestro contexto existen todavía pocos centros educativos que lo desarrollen.

No obstante, quisiera realizar dos reflexiones, por un lado, la decisión de realizar una actividad extraescolar determinada implica una serie de consideraciones, como expuse en un artículo en 2015.[4] Comporta tener en cuenta los intereses de los niños y niñas, las posibilidades reales de la familia, así como la finalidad de realizarlas. Tampoco sería aconsejable un exceso de actividades, que podría conllevar cansancio y abandono. Hay que valorar también aspectos como el compromiso, la motivación y la implicación por parte de los chicos. Además, las actividades extraescolares no debieran utilizarse para que el niño se mantenga «ocupado», sustituyendo ese tiempo a quehaceres tan importantes como el dialogar, comunicarse, el simplemente *estar* con ellos. Muchas veces se utilizan estas actividades extraescolares para sustituir *presencias de adultos* o para *llenar espacios vacíos*, para ocupar el tiempo libre de los niños, y así no les permitimos que tengan *«espacios muertos»* para aburrirse, para pensar, para interiorizar.

---

4. Gran dilema: las actividades extraescolares. Educar en su decisión: https://www.superpadres.com/blog/las-actividades-extraescolares/.

Por otra parte, y al hilo de lo comentado, la necesidad de comunicarse en el mundo actual. En este sentido transcribo aquí un artículo publicado en *La Vanguardia*,[5] donde hacía referencia precisamente a esta necesidad de crear espacios de comunicación:

«La comunicación, ¿espejo virtual?»

Hace unos días fui invitada a un evento de blogueros al que asistieron profesionales, madres y padres, empresas de diversa índole para promocionar sus productos. Tenían un objetivo común, conocerse presencialmente, además de en la red. Este tipo de encuentros indican que la inquietud sigue siendo la misma: la necesidad de comunicación; sólo que ésta ha cambiado en los últimos tiempos. En el contexto cultural del siglo XXI muchos se preguntan qué repercusión están teniendo las nuevas tecnologías, las conocidas TIC. Los medios de comunicación se han apuntado, los centros educativos las utilizan cada vez más. Pero la pregunta que muchos se hacen es si estas herramientas permiten saber más o menos a nuestros jóvenes. También, si la comunicación mejora o empeora. Aunque deberíamos preocuparnos al mismo tiempo sobre sus repercusiones sociales y emocionales, sobre las repercusiones en el comportamiento *online* y *offline* en las nuevas generaciones.

Los niños y niñas de hace 60-70 años sabían algo, pero ahora los jóvenes saben mucho y de todo. ¿Hay un exceso de información? Y si es así, ¿cómo lo gestionamos? Adquirir tantos conocimientos quizá implica no dedicar espacios ni tiempo para la experiencia, para la emoción, para los sentimientos, para la autonomía, esa otra comunicación que implica tanto la verbal como la no verbal, las miradas, los silencios. ¿Dónde quedan aquellos días en que los niños y niñas se encontraban en los parques, se relacionaban, jugaban, merendaban, paseaban, experimentaban, probaban, erraban,

---

5. «La comunicación, ¿espejo virtual?», en *La Vanguardia*, 14 de febrero de 2014.

reían? Sin prisas, sin tantas actividades extraescolares, sin tantos deberes por hacer. ¿Qué tiempo pueden dedicar las familias a relacionarse? ¿Cuánto tiempo dedican nuestros niños y jóvenes a encontrarse? El gran psicopedagogo Francesco Tonucci hace ya tiempo apunta a recuperar esos momentos, ofreciendo a los niños un papel protagonista como plenos ciudadanos con derechos; muchos de nuestros políticos deberían tomar nota, más cuando van hablando de hacer pedagogía... Quizá antes deberían empezar a conocer qué significa este término. Y por descontado, promocionar políticas de conciliación laboral y familiar, políticas atentas y respetuosas con la realidad y con las necesidades socioculturales y familiares en nuestro entorno.

Ahora bien, nuestros alumnos, que son el futuro de la sociedad, deben tanto saber utilizar la comunicación virtual como la comunicación real. Y tanto la una como la otra son herramientas positivas si se les acompaña en su utilización.

No obstante, en los casos de altas capacidades, muchas veces es preciso aplicar programas de enriquecimiento extracurricular. Cabe destacar la línea del Programa de enriquecimiento extracurricular semanal —los sábados por la mañana— de La Rioja, dirigido a personas con alta capacidad intelectual (superdotación o talento) de los 4 a los 18 años, que complementa a su entorno escolar habitual, y que se aplica en la Universidad de La Rioja con el apoyo de la Consejería de Educación, Cultura y Turismo del Gobierno autonómico. Como apunta Sastre (2014: 4-5), este programa «parte del concepto de la superdotación y el talento acorde con el nuevo paradigma, y cuenta con tres componentes que interrelacionados que se retroalimentan: la investigación sobre la naturaleza y el funcionamiento de la alta capacidad, sus manifestaciones diferenciales y estabilidad en su medida; la propia actividad de enriquecimiento extracurricular; la evaluación de su eficacia y satisfacción en los asistentes y familias. Los objetivos que lo estructuran son: potenciar el desarrollo armónico como personas apoyando la cristalización de su alta competencia, potenciar el desarrollo cognitivo, potenciar la gestión cognitiva y el uso de procesos de pensamiento, potenciar el desarrollo de habilidades interpersonales entre iguales, prevenir disfunciones conductuales o de aprendizaje y prevenir dificultades motivacionales debidas al dominio de materias curriculares». Este programa se estructura en tres áreas de intervención: la activación y gestión de recursos cognitivos a través del planteamiento y resolución de problemas, la interacción entre iguales —fundamental— y el ajuste personal, y algo especialmente necesario: el asesoramiento a nivel personal y a nivel familiar. Realmente, programas como éste son imprescindibles en nuestro entorno para favorecer las habilidades de nuestr@s chic@s de altas capacidades. ¡Animo a que se pongan en marcha en todas las comunidades autónomas!

Recuperando la tranquilidad y la armonía

Meditar, realizar relajaciones, yoga, *mindfulness*, la atención plena u otras estrategias que permitan parar y sentir ¡son tan necesarias en la actualidad! Cada vez más centros educativos, familias e incluso gabinetes utilizan estos recursos y los incorporan al día a día. Meditar implica mirar, hacer, comer, observar, pensar, hablar, vivir con conciencia, fijándose en las cosas pequeñas, cotidianas. Implica estar alerta, observar y centrarse en lo que se está haciendo. Implica estar en el presente. Implica por ejemplo caminar tomando conciencia de que estás caminando, no es necesario estar pensando «estoy alerta, voy a meditar y camino meditando», sino que se trata de incorporar ese estar presente en la cotidianeidad, sin esfuerzo, de forma natural. Se trata de practicar desarrollando la atención, la conciencia, focalizando sobre nuestro cuerpo, sobre nuestro corazón, sobre nuestra alma. Comenta Osho (2016: 187-195), «Hay un interruptor en la mente. El interruptor se llama observación, consciencia, ser testigo. Si empiezas a observar la mente, ésta empieza a pararse. Cuanto más crece la observación, más y más consciente te vuelves de una clave secreta: que la mente se puede parar fácilmente. Y ése es un momento de gran liberación: cuando puedes desactivar la mente durante horas. Y cuando vuelve, cuando la haces volver, vuelve rejuvenecida, fresca [...] La meditación es tu naturaleza intrínseca; es tú, es tu ser, no tiene nada que ver con tus actos. No puedes tenerla, no puedes no tenerla, no se puede poseer. No es una cosa. Es tú. Es tu ser [...] Y cuando estás fuera de la mente, observándola, siendo consciente de ella, siendo sólo un testigo, eres inteligente. Has descubierto tu inteligencia». Dejar a un lado el ruido y permitirnos un tiempo al día para meditar, en la escuela o en el hogar, puede ser una interesante herramienta para utilizar entre niños y maestros así como entre niños y familias. Los niños de altas capacidades agradecerán momentos de quietud que les permita desconectar, respirar, y conectar consigo mismos, con su mundo interior, con sus emociones, con su ser.

Lo interesante en la práctica meditativa es precisamente la práctica continuada y el poner la atención plena en aquello que hagamos. Así, es posible concentrar la atención y desarrollar esa quietud en medio del ruido, con paciencia, con mucha paciencia. Una atención consciente que nos permite disfrutar de cada momento estando receptivos, armónicamente, practicando, poniendo en práctica nuestra inteligencia espiritual. Thich Nhat Hanh (1998: 22) comenta al respecto: «Permanecemos sentados en silencio observando profundamente nuestro interior. Con la práctica nuestro amor se irá incrementando de forma natural, hasta llegar a incluirlo y contenerlo todo. A medida que aprendamos a observarlo todo con los ojos del amor, vaciaremos nuestra mente de ira y odio». El silencio, ese gran olvidado y más en el sistema educativo, ausente y muchas veces mal visto, pero que permite la reflexión, así como el cultivo de la inteligencia espiritual, e ingrediente de cualquier proceso creativo. La meditación nos permite precisamente poner en práctica el silencio, el vacío interior, y trabajar la espiritualidad infantil, la cual «puede ser educada desde distintos parámetros y métodos, también a través de actividades que pueden orientar y estimular el desarrollo de esta modalidad de inteligencia dentro de la comunidad escolar» (Torralba, 212: 274). El autor propone diferentes actividades para los distintos ciclos de educación, infantil, primaria y secundaria, propuestas didácticas que se han llevado a cabo con éxito.

Meditar con niños y adolescentes es mucho más sencillo de lo que pueda parecer. Evidentemente, debe dedicarse tiempo y conocimientos. Para ello debe seguirse un plan, pero es una herramienta sencilla. En algunos centros educativos de infantil, primaria y también de educación secundaria se dedica un tiempo al día para meditar con resultados muy positivos. Aumenta la concentración y la atención, el autocontrol y la rapidez mental, la receptividad, entre otros aspectos. Se ha demostrado que los niños son perfectamente capaces de tener, a su manera, una vida interior auténtica y profunda (Snel, 2013: 12), simplemente es necesario ejercitarla. La autora propone una serie de recomendaciones para realizar los ejercicios de meditación que propone en su libro, haciendo referencia a niños de entre 5 a 12 años:

- Realizar regularmente la práctica o ejercicios. Se trataría de escoger momentos preestablecidos diferentes veces a la semana a una hora determinada.

- Presentar la práctica de manera lúdica, con humor.

- Repetir regularmente los ejercicios. Se desarrollan de manera diferente, cada momento es diferente, por eso se aconseja reemprenderlos regularmente.

- Tener paciencia, esa misma paciencia que se requiere al aprender un idioma o al tocar un instrumento musical.

- Gratificar al niño cuando se ejercita, darle soporte, animarlo.

- Pedirle que os explique qué ha vivido durante la experiencia, qué ha sentido, poniendo palabras después de realizar los ejercicios de meditación.

Para acabar este capítulo, añado el poema del fundador de las escuelas de Reggio Emilia, Loris Malaguzzi, *Los niños tienen cien maneras de expresarse, pero les robamos noventa y nueve*, que ensalza las diferentes maneras de comunicarse y expresarse el niño, de ver el mundo, de hacer las cosas...

El niño está hecho de cien.
El niño tiene cien lenguajes
cien manos, cien pensamientos
cien formas de pensar, de jugar, y de hablar.
Cien, siempre cien formas de escuchar
de maravillarse, de amar
cien alegrías para cantar y entender
cien modos de descubrir,
cien formas de inventar
cien modos de soñar.
El niño tiene cien lenguajes
pero le roban noventa y nueve.
La escuela y la cultura
separan la cabeza del cuerpo.
Le dicen al niño:
que piense sin manos
que trabaje sin cabeza
que escuche y no hable
que entienda sin alegría
que ame y se maraville

sólo en Semana Santa y en Navidad.
Le dicen al niño:
que descubra un mundo que ya existe
y de cien
le quitan noventa y nueve.
Le dicen al niño:
que el trabajo y el juego
la realidad y la fantasía
la ciencia y la imaginación
el cielo y la tierra
la razón y los sueños
son cosas
que no están unidas.
Le dicen, en resumen,
que el cien no existe.
Pero el niño dice, sin embargo:
¡Qué va, el cien sí existe!

Colofón, a modo de conclusión...

Evidentemente, la educación debería pretender optimizar el desarrollo de los niñ@s, independientemente de que sean más o menos capaces intelectualmente, más o menos habilidosos en un área o en otra, más o menos «inteligentes». Cada persona tiene ritmos de aprendizaje diferentes, diversas maneras de aprender, diferentes «perfiles», diferentes ambientes y contextos, diversas maneras de ver el mundo, diferentes maneras de percibir las realidades, diferentes desarrollos cognitivos, emocionales o sociales, diferentes formas de ser... y para ello será necesario diferenciar la educación de cada uno de los niñ@s si pretendemos que ejerciten el derecho a la educación de calidad.

La identificación temprana de la superdotación y de las altas capacidades debería ser una de las preocupaciones de los sistemas educativos, de la sociedad, de los profesionales, si precisamente pretendemos ofrecer esa atención de calidad a TODAS las personas. Ofrecer un entorno adecuado a las necesidades de cada cual, dando a cada persona lo que necesita para facilitar su desarrollo, debería ser una de nuestras prioridades.

Para ello sería interesante apostar por una auténtica educación inclusiva a todos los niveles, que entre otros aspectos fundamentales supone ofrecer una educación individualizada, personalizada para todos los niñ@s, ajustando la enseñanza de forma flexible a los estilos de aprendizaje específicos de cada persona, desarrollando al máximo las capacidades, la personalidad, los talentos, la creatividad de todos y cada uno, incluyendo también a los niños y niñas de altas capacidades. Porque, además, estos niños y niñas mejoran también la calidad de los aprendizajes que se dan dentro de las aulas y de la escuela. Para ello es necesario organizar las aulas, las escuelas, los centros educativos, pues ofrecer una educación individualizada, personalizada, no significa segregar: «No es posible ofrecer una educación personalizada a un niño mientras el resto del aula sigue funcionando en el obsoleto sistema de transmisión grupal orientado a la mera reproducción de contenidos curriculares. No es posible educar a un niño en un aula que lejos de facilitar su sociabilización incrementa y potencia su segregación. El aula debe convertirse en comunidad de aprendizaje y todo el sistema debe ser inclusivo conforme el Estado se ha comprometido a garantizar en el Artículo 24 de la Convención de Naciones Unidas».[1]

También es necesario que familias, centros educativos y profesionales internos y externos se alíen, creen sinergias verdaderas, sean capaces de crear auténticas redes de relaciones efectivas y de calidad.

Las familias, sin ellas no habría niños ni niñas, ni adolescentes o jóvenes. La familia procura el bien de sus hijos, pretende cubrir las necesidades de sus miembros, necesidades estructurales y emocionales, como sabe. La familia precisa de nuestro acompañamiento, de nuestra comprensión y a veces de nuestra ayuda. Pero existe a menudo esa mirada expectante, cuestionadora, juzgante, y ese contexto familiar es visto como un ver-

---

1. Entrevista al doctor Jon Liberman, «La educación inclusiva o personalizada ha llegado. Sólo hace falta que los padres la activen», en http://www.infantojuvenil.eu/, documento: http://www.infantojuvenil.eu/sepij/archivos/pdfs/Ha_llegado_la_Educaci%C3%B3n_Inclusiva_para_todos.pdf.

dadero intruso, como adversario, o a veces como inepto por parte de los propios profesionales. Existe además un cierto «pánico» a que las familias participen en los centros educativos, a que sean un elemento más del sistema. Confluyen emociones nada sanas. Es cierto que familias hay de muchos tipos, pero lo que no es menos cierto es que sus intenciones son procurar lo mejor para los suyos, y a veces me pregunto si no estamos teniendo a menudo una visión injusta sobre ella. Como apunta Salvador (2009: 222): «La familia es un grupo del que todos esperan mucho, empezando por los miembros que la forman. Probablemente es el paradigma de todas las expectativas de dependencia y, en este sentido, depositaria de fantasías individuales y grupales muy primitivas referidas al crecimiento emocional. Desde su objetivo progresista de proteger a la infancia, nuestra llamada "sociedad del bienestar" se ha vuelto muy exigente con las conductas de los padres, sin tener en cuenta que, en ocasiones, llevar a cabo la tarea de padre o madre competente no resulta nada fácil en nuestro contexto sociolaboral».

Tantos cambios legislativos y perspectivas diferentes de atención hacen que los maestros se encuentren muchas veces sin saber qué hacer. Ahora bien, como afirma Sir Ken Robinson (2010: 324): «Demasiados movimientos de reforma educativos están diseños para que la educación esté a prueba de profesores. Los sistemas de mayor éxito del mundo toman la posición contraria. Invierten en profesores. La razón de ello es que las personas tienen más éxito cuando hay otras que entienden sus talentos, desafíos y habilidades. [...] los verdaderos desafíos a los que se enfrenta la educación sólo se solucionarán confiriendo el poder a los profesores creativos y entusiastas y estimulando la imaginación y la motivación de los alumnos». No olvidemos que los docentes tienen un papel fundamental en este cometido. Los profesionales de la educación son necesarios en este engranaje, pero deben ser también creativos, innovadores, verdaderos motores de cambio.

Por otra parte, como hemos visto, los niñ@s de altas capacidades, esas supermentes, reciben expectativas por todas partes —familias, maestros, iguales—, positivas y negativas. Muchas veces se encuentra con caminos trazados por los adultos. Como *tienen* altas capacidades, deben seguir una abundante formación durante su vida, deben hacer una, dos o tres carreras universitarias, y después unos cuantos másteres (y si son en inglés, mejor). Como ellos pueden porque *son tan inteligentes*, adelante, hay que darles más y más y deben responder más y mejor. Eso dicen consciente o inconscientemente los adultos. El niñ@, que en definitiva ama a sus referentes y sobretodo no los quiere defraudar, entra en un juego de lealtades familiares y a veces no tiene elección, sigue de joven ese camino trazado, previamente diseñado por otros. En ocasiones funciona y muchas otras se colapsa y abandona, acarreando esa mirada de incomprensión de su entorno. Y sucede que ese joven no ha tenido oportunidades para estar en él y con él y reflexionar sobre su verdadero proyecto de vida. ¡Si ese proyecto de vida es seguir ese camino, estupendo, adelante! Pero si responde a las expectativas de otros, ¿no sería más sano permitirle decidir por sí mism@? Y ¿dónde quedan sus emociones? ¿Se han tenido presentes en algún momento? En definitiva, es su vida, y quien debe responsabilizarse únicamente es él o ella. Pero para eso se les debiera brindar escenarios donde se ofrezcan posibilidades de tomar decisiones, de escoger, de estar solos, de equivocarse, de errar, de fracasar, de sentir su cuerpo, de conectar con sus emociones y por tanto de emocionarse, de amarse y de amar, de sentir angustia y placer, de responsabilizarse de todo ello, de caer para poderse levantar y conseguir por el camino pequeños éxitos propios que en definitiva son los más valiosos.

Ahora bien, aún en la actualidad, aquello que hace referencia a la infancia y adolescencia, a las altas capacidades y a una educación inclusiva de calidad, está lleno de controversias y paradojas. Los cambios son constantes pero efímeros. Con las palabras y reflexiones que se han inscrito en este libro he intentado persuadir sobre ello. Realmente, la paradoja está en decir aquello que no se puede decir a través de estas reflexiones. Me he servido pues de estas reflexiones, como a José Hierro le sirve su obra poética. «No sé lo que es la poesía, pero sé para qué me sirve a mí, la poesía me sirve para decir aquello que no se puede decir», es lo que hace en este soneto (Hierro, 1998). Durante la escritura de este libro me ha acompañado como espejo.

Vida

Después de todo, todo ha sido nada,
a pesar de que un día lo fue todo.
Después de nada, o después de todo
Supe que todo no era más que nada.

Grito «¡Todo!», y el eco dice «¡Nada!».
Grito «¡Nada!» y el eco dice «¡Todo!».
Ahora sé que la nada lo era todo,
Y todo era ceniza de la nada.

No queda nada de lo que fue nada.
(Era ilusión lo que creía todo
y que, en definitiva, era la nada).

Qué más da que la nada fuera nada
si más nada será, después de todo,
después de tanto todo para nada.

Bibliografía

Acereda, A. (1998). *La superdotación*, Madrid, Síntesis.
Àngel, C. (2004). «Visió panoràmica de l'atenció educativa a la primera infància dins un marc europeu», lliçó magistral, comiat, UAB, Cerdanyola.
Ausubel, D.; Sullivan, E.V. (1983). *El desarrollo infantil 1. Teorías*, Paidós, Barcelona.
Bruner, J. (1988). *Desarrollo cognitivo y educación*, (selección de textos por J. Palacios). Morata, Madrid.
Barudy, J. (1998). *El dolor invisible de la infancia*, Paidós, Barcelona.
Barudy, J.; Dantagnan, M. (2005). *Los buenos tratos a la infancia. Parentalidad, apego y resiliencia*, Gedisa, Barcelona.
Bar-On, R. (1997). *Bar-On Emotional Quotient Inventory. Techcnical manual*, Multi-Gealth Systems, Toronto.
Baudichon, J. (1975). «Ocurrence et effects de la verbalisation au cours de l'accomplissement de tâches cognitives», *Enfance*, 3-4, págs.: 373-381.
Bisquerra, R.; Pérez, N. (2007). «Las competencias emocionales», *Educación XXI*, 10, 2007, págs. 61-82.
Blackemore, S-J.; Frith, U. (2007). *Cómo aprende el cerebro. Las claves para la educación*, Ariel, Barcelona.
Bradberry. T.; Greaves, J. (2012). *Inteligencia Emocional 2.0.*, Conecta, Barcelona.
Bowlby, J. (1995). *Vínculos afectivos. Formación, desarrollo y pérdida*, Morata, Madrid.
— (1993). El vínculo afectivo. Barcelona, Paidós Ibérica.
— (1968). *Attachment and Loss*, 3 vol., Hogart Press, Londres.
Bruner, J. (1981). *Vygotsky, una perspectiva histórica cultural. Infancia y aprendizaje*, 14, págs. 3-17.

— (1991). *Actos de significado. Más allá de la Revolución Cognitiva*, Alianza, Madrid.
— (1997). *La educación, la puerta de la cultura*, Visor, Madrid.
Bronfenbrenner, U. (1987). *La ecología del desarrollo humano*, Paidós, Barcelona.
Caron-Pargue, J. (1977). «Analyse des productions verbales dans une resolution de problème», *Bulletin de Psychologie*, 328, págs. 551-562.
Castelló, A. (1987). «Problemática escolar de las personas superdotadas y talentosas», en Martín, C. (coord.), *Superdotados, problemática e intervención*, Universidad de Valladolid, Servicio de apoyo a la enseñanza, Valladolid.
Castelló, A.; Batlle, C. (1988). «Aspectos teóricos e instrumentales en la identificación del alumno superdotado y talentoso», *Faisca, revista de altas capacidades*, 6, págs. 26-66.
Castelló, A.; Martínez, M. (1999). *Alumnat excepcionalment dotat Intel·lectualment*, Generalitat de Catalunya, Barcelona.
Coll, C.; Onrubia, J. (2002). «Inteligencia, inteligencias y capacidad de aprendizaje», en, Coll, C.; Palacios; J. Marchesi, A., *Desarrollo psicológico y educación*, vol. 2, Alianza Editorial, Madrid.
Cyrulnik, B. (2002). *Los patitos feos. La resiliencia, una infancia infeliz no determina la vida*, Gedisa, Barcelona.
— (2005). *El amor que nos cura*, Gedisa, Barcelona.
— (2018). *Psicoterapia de Dios. La fe como resiliencia*, Gedisa, Barcelona.
De Mirandés, J. (2014). Entrevista de alumnos de la carrera de Magisterio, UB., Barcelona.
Del Carmen Ll. (2001). «El trabajo en equipo, aspecto básico para la innovación en los centros», en Monereo, C. y Solé, I. (coord.), *El asesoramiento psicopedagógico, una perspectiva profesional y constructivista*, págs. 153-161, Alianza Editorial, Madrid.
Doltó, F. (1986). *La causa de los niños*, Paidós, Barcelona.
Esping-Andersen, G.; Palier, B. (2010). *Los tres grandes retos del Estado del bienestar*, Ariel, Barcelona.
Flavell, J. (1979). La *psicología evolutiva de Jean Piaget*, Paidós, Buenos Aires.
Forman, E.A.; Cazden, C.B. (1984). «Perspectivas vygotskianas en la educación, el valor cognitivo de la interacción entre iguales», *Infancia y aprendizaje*, 27-28, págs. 139-157.

García Madruga, J. (1976). *El papel de Vygotsky en el estudio de las relaciones entre pensamiento y lenguaje*, Memoria de licenciatura, Universidad Complutense de Madrid, Madrid.
Gardner, H. (1983). *Frames of Mind, the thoory of Multiple Intelligence*, Basic Books, Nueva York.
Gardner, H. (1999). *The multiple intelligence, new horizons in theory and practice*, Basic Books, Nueva York.
Garrido, I. (2000). *Psicología de la emoción*, Síntesis, Madrid.
Gay, E. I. (2005). «Xarxes locals d'infància. Reflexions i una experiencia» [versión electrónica], *De Prop. Revista de política educativa local. Textos*, 13, págs. 1-19.
Genovard, C.; Castelló, A. (1990). *El límite superior. Aspectos psicopedagógicos de la excepcionalidad intelectual*, Pirámide, Madrid.
Genovard, C. (coord.) (1998). *Psicopedagogia de la superdotació*, UOC, Barcelona.
Giné, C. (1997). «L'avaluació de les necessitats educatives escolars dels alumnes, la necessària col.laboració dels mestres i dels psicopedagogs», *Suports*, vol. 1, págs. 1-9.
Goldschmied, E.; Jackson, S. (2002). La educación infantil de 0 a 3 años, Morata, Madrid.
Goleman, D. (1995). *Inteligencia emocional*, Kairós, Barcelona.
Goleman, D.; Boyatzis, R.; McKee, A. (2002). *Primal leadership, Realizing the power of emotional intelligence*, Harvard Business School Press, Boston.
Gónzalez, M.J. (2003). «Servicios de atención a la infancia en España», documento de trabajo Fundación Alternativas, 1, Fundación Alternativas, Madrid.
Grotberg, E. (2006). *La resiliencia en el mundo de hoy*, Gedisa, Barcelona.
Hart, R. (1979). *Children's Experience of Play*, Irvinton, Nueva York.
Hierro, J. (1998). *Cuaderno de Nueva York*, Hiperión, Madrid.
Kaye, K. (1986). *La vida mental y social del bebé. Cómo los padres crean personas*, Paidós, Barcelona.
Kitano, M. K.; Lewis, R. B. (2005). «Resilience and coping, Implications for gifted children and youth at risk», Roeper Review, 27(4), págs. 200-205.
Kozulin, A. (2000). «Instrumentos psicológicos. La educación desde una perspectiva sociocultural», Paidós, Barcelona.

Krishnamurti, J. (2010). *Darse cuenta. La puerta de la inteligencia*, Gaia Ediciones, Madrid.

LaBar, K. S. y Cabeza, R. (2006). «Cognitive neuroscience of emotional memory», *Nature Reviews Neuroscience*, 7, págs. 54-64.

Levine, M. (2003). *Mentes diferentes, aprendizajes diferentes*, Paidós, Barcelona.

Lindsey, M. (1990). *Training teachers of the gifted and talented*, Teachers College Press, Nueva York.

López, F. (1984). «El apego», en, J. Palacios, A. Marchesi, M. Carretero (ed.), *Psicología evolutiva, vol. II. Desarrollo cognitivo y social del niño*, Alianza, Madrid.

López, F. (1983). «Etología», en, A. Marchesi, M. Carretero y J. Palacios (comp.), *Psicología evolutiva 1. Teorías y métodos*, Alianza Editorial, Madrid.

Liublinskaia, A.A. (1971). *Desarrollo psíquico del niño*, Grijalbo, México D.F.

Marina, J.A. (2006). *Teoría de la inteligencia creadora*, Anagrama, Barcelona.

Martínez-Otero Pérez, V. (2009). «Diversos condicionantes del fracaso escolar en la educación secundaria», Revista iberoamericana de educación, 51, págs. 67-85.

Mayer, J.D.; Caruso, D.; Salovey, P. (1999). «Emotional intelligence Meets Traditional Standards for Intelligence», *Intelligence*, 27, págs. 267-298.

Mayer, J.D.; Perkins, D.M.; Caruso, D.; Salovey, P. (2001). «Emotional intelligence and giftedness», *Roeper Review*, 23, págs. 131-137.

Maturana, H.; Varela, G. (1984). *El árbol del conocimiento. Las bases biológicas del entendimiento humano*, Lumen, Santiago de Chile.

— (1994). *De máquinas y seres vivos. Autopoiesi, La organización de lo vivo*, Lumen, Santiago de Chile.

McGoldrick, M.; Gerson,R. (1993) *Genogramas en la evaluación familiar*, Gedisa, Barcelona.

Merelo, J.J. (2005). «Redes sociales, una introducción», *Revista hispana para el análisis de redes sociales*, [versión electrónica], artículo introductorio a la Ciencia de las redes, taller. http://revista-redes.rediris.es/webredes/talleres/redes.pdf.

Molina, S. (1997). *Escuelas sin fracasos*, Aljibe, Málaga.

Neihart, M. (2001). «Gifted children and depression», en M. Neihart, S. Reis, N. M. Robinson y S. M.Moon (eds.), *The social and emotional development of gifted children, What do we know?*, págs. 93-113, Prufrock Press, Nueva York.

Osho (2005). *Inteligencia. La respuesta creativa al ahora*, Penguin Random House, Barcelona.

Palacios, J.; Moreno, C. (1994). «Contexto familiar y desarrollo social», en, M.J. Rodrigo (edit.), *Contexto y desarrollo social*, Síntesis, Madrid.

Parellada, C. (2006). «La pedagogía sistémica, un nuevo paradigma educativo», *Cuadernos de pedagogía*, 360, págs. 54-60.

Patti, J.; Brackett, M.; Ferrándiz, C.; Ferrando, M. (2011). «¿Por qué y cómo mejorar la inteligencia emocional de los alumnos superdotados?», *Revista Electrónica Interuniversitaria de Formacion del Profesorado*, vol. 14, n° 3, págs. 145-156.

Perinat, A. (1996). *Desenvolupament i aprenentatge durant l'edat escolar*, UOC, Barcelona.

Piaget, J. (1970). «L'évolution intellectuelle entre l'adolescende et l'âge adulte», Congrés FOMEME, (trad. Cont. en J. Delval, comp., 1978, vol. II).

Pifarré, M.; Sanuy, J.; Vendrell, C.; Gòdia, S. (2008)

Prieto, M.D.; Sainz, M., (2014). «Cómo gestionar la inteligencia emocional en el aula», en Navarro, J.; Gracia, MªD.; Lineros, R.; Soto, F.J. (coords.), *Claves para una educación diversa*, Consejería de Educación, Cultura y Universidades, Murcia.

Pujolàs, P. (2008). «Agrupament heterogeni de l'alumnat i atenció a la diversitat, l'estrutura cooperativa de l'activitat a l'aula», *Perspectiva Escolar*, 324, págs. 2-14.

Renzulli, J. S. (1986). «The three-ring conception of giftedness, A developmental model for creative productivity», en R. J. Sternberg y J. Davidson (eds.), *Conceptions of giftedness*, págs. 53-92, Cambridge University Press, Nueva York.

Robinson, N.; Olszewski-Kubilius, P. (1996). «Gifted and Children, Issues for Pediatricians», *Pediatrics in Review*, dic. 1996, 17 (12), págs. 427-434.

Rodrigo López, M.J. (1983). «Psicología evolutiva y procesamiento de la información», en A. Marchesi, M. Carretero y J. Palacios

(comp.), *Psicología evolutiva I. Teorías y métodos*, Alianza Editorial, Madrid.
— (2015). «Preservació familiar i parentalitat positiva, dos enfocaments en convergencia», *Revista de Treball Social. Col·legi Oficial de Treball Social de Catalunya*, abril 2015, 204, págs. 36-47.
Rogoff, B. (1993). *Aprendices del pensamiento. El desarrollo cognitivo en el contexto social*, Paidós, Barcelona.
Rovere, M. (1993). *Planificación estratégica de recursos humanos en salud*, Organización panamericana de la salud, Whasington, D.C.
— (1999). *Redes en salud, un nuevo paradigma para el abordaje de las organizaciones y la comunidad*, Secretaría de la Salud pública/AMR, Instituto Lazarte, Rosario, República Argentina.
Salovey, P.; Mayer, J.D. (1990). «Emotional Intelligence», *Imagination, Cognition, and Personality*, 9, págs. 185-211.
Salovey, P.; Sluyter, D.J. (1997). *Emotional Development and Emotional Intelligence. Educational Implications*, Basic Books, Nueva York.
Salvador, G. (2009). *Familia. Experiencia grupal básica*, Paidós, Barcelona.
Sastre-Riba, S. (2011). «Funcionamiento metacognitivo en niños con altas capacidades», *Rev Neurol*, 52 (supl. 1), S11-8.
— (2014). «Intervención psicoeducativa en la alta capacidad, funcionamiento intelectual y enriquecimiento extracurricular», *Rev Neurol*, 58 (supl. 1), S89-S98.
Sastre-Riba, S.; Castelló-Tarrida, A. (2017). «Fiabilidad y estabilidad en el diagnóstico de la alta capacidad», *Rev Neurol*, 64 (supl 1).
Satir, V. (2002). *Nuevas relaciones humanas en el núcleo familiar*, Pax México, México.
Secanilla, E. (2016). «Redes de atención a la infancia. Una propuesta de asesoramiento psicopedagógico en su diseño e implementación», *Pedagogia i Treball Social. Revista de Ciències Socials Aplicades*, vol. 5. n° 2, págs. 28-51.
— (2016). *La atención psicoeducativa en la primera infancia*, UOC, Barcelona.
Siguán, M. (1984). «Comentarios a la influencia d ela obre de Vygostsky en la Psicología del lenguaje», *Infancia y aprendizaje*, 27-28, págs. 252-255.

Silverman, L.K; Kearney, K. (1989). «Parents of the extraordinarily gifted», en, *Advanced Development Journal*, 1, págs. 41-56.
Sir Ken Robinson (2010). *El Elemento*, Debolsillo, Barcelona.
Snel, E. (2013). *Tranquils i atents com una granota*, Kairós, Barcelona.
Springsteen, B. (2016). *Born to run*, Simon &Schuster, Londres.
Sternberg, R.J. (1980). «Sketch of a componential subtheory of human intelligence», *Behavioral and Brain Sciences*, 3, págs. 573-584.
— (1982). *Handbook of Human Intelligence*, Cambridge University Press, Cambridge, MA. [trad. cast., *Inteligencia humana* (5 vols.), Paidós, Barcelona, 1987-1989].
— (1985). *Beyond IQ. A triarchic theory of human intelligence*, Cambridge Universiti Press, Nueva York [trad. cast., *Más allá del cociente intelectual. Una teoría triárquica de la inteligencia humana*, Desclée de Brouwer, Bilbao, 1990].
Sternberg, R.J.; Davidson, J.E. (2005). *Conceptions of Giftedness*, Cambridge University Press, Nueva York [segunda edición: 1986-2005].
Sternbert, R.J.; Lubart, T. I. (1991). «An Investment Theory of Creativity and Its Development» Human Development, 34, págs. 1-31.
Terman, L.M. (1925). «Mental and Physical Traits of a Thousand Gifed Children», Stanford University Press, Stanford.
Terrassier, J.Ch. (1981). *Les enfants sudoués ou la precocité embarrasante*, Ediciones E F., París.
— (1993). *Disincronía*, en, Pérez, A. (ed.), *10 palabras clave en Superdotados*, Editorial Verbo Divino, Estella.
— (1994). «El síndrome de la disincronía», en Benito, Y. (coord.), *Investigación e intervención psicoeducativa en alumnos superdotados*, Amarú, Salamanca.
— (2000). «La disincronía de los niños precoces», en, Benito, Y. (coord.), *Problemática del niño superdotado*, Amarú, Salamanca.
Tharp, R.; Estrada, P.; Stoll, S.; Yamauchi, L. (2002). *Transformar la enseñanza. Excelencia, equidad, inclusión y armonía en las aulas y las escuelas*, Paidós, Barcelona.
Thich Nhat Hanh (1998). *Enseñanzas sobre el amor*, Paidós, Barcelona.
Thorndike E. L. (1920). «Intelligence and its uses», *Harper's Magazine*, 140, págs. 227-235.
Vallés, A.

Torralba, F. (2010). *Inteligencia Espiritual*, Plataforma Editorial, Barcelona.
— (2012). Inteligencia Espiritual en los niños, Plataforma Editorial, Barcelona.
Torrance, E.P. (1974). *Test of Creative Thinking*.
Traveset, M. (2007). *La pedagogía sistémica*, Graó, Barcelona.
Txékhov, A. (2017). *El pavelló núm. 6*, Minúscula, Barcelona.
Ubieto, J.R. (2007). «Modelos de trabajo en red», *Revista d'educació social*, 35. Fundació Pere Tarrés, Barcelona.
— (2014). *TDAH. Hablar con el cuerpo*, Editorial UOC, Barcelona.
Ubieto, J. R.; Pérez, M. (2018). *Niñ@s Hiper. Infancia hiperactivas, hipersexualizadas, hiperconectadas*, NED Ediciones, Barcelona.
Vanistendael, S.; Lecomte, J. (2006). *La felicidad es posible. Despertar en niños maltratados la confianza en si mismos, construir la resiliencia*, Gedisa, Barcelona.
Vygostky, L.S. (1979). *El desarrollo de los procesos psicológicos superiores*, Crítica, Madrid [*Mind in Society. The development of higher psycological processes*, Harvard Univ. Press, Cambridge, MA, 1978].
Werstch, J.V. (1985). *Culture, communication and cognition, Vigotskian perspectives*, Cambridge Univ. Press, Nueva York.
Yuste, C. (1998). *BADyG*, CEPE, Madrid.

g